**1** Wie heißt die Zahl? Schreibe auf.

a)

| H | Z | E |
|---|---|---|
| • | ••••• • | ••• |

______

b)

| H | Z | E |
|---|---|---|
| •••• | ••• | ••• |

______

c)

| H | Z | E |
|---|---|---|
| ••••• • | ••••• •••• | |

______

**2** a) Wie heißt die Zahl? ______

| H | Z | E |
|---|---|---|
| ••••• | ••••• ••• | ••••• •• |

b) Lea nimmt an der Hunderterstelle zwei Plättchen weg.
Wie heißt die neue Zahl? ______

c) Tom legt an der Zehnerstelle ein Plättchen dazu.
Wie heißt die neue Zahl? ______

**3** In eine leere Stellentafel werden zwei Plättchen gelegt. Du kannst sechs verschiedene Zahlen bilden. Ordne sie der Größe nach, beginne mit der kleinsten Zahl.

| H | Z | E |
|---|---|---|
| | | |

______

**4** Wie heißt die Zahl?

a) Meine Zahl hat vier Hunderter, fünf Zehner und sechs Einer.

______

b) Meine Zahl hat acht Zehner und drei Hunderter.

______

c) Meine Zahl hat drei Hunderter, doppelt so viele Zehner und zwei Einer.

______

**5** Wie heißt die Zahl? Schreibe auf.

T

a)

| T | H | Z | E |
|---|---|---|---|
| •• | ••••• • | •••• | ••••• •••• |

______

b)

| T | H | Z | E |
|---|---|---|---|
| •••• | •• | | ••••• |

______

c)

| T | H | Z | E |
|---|---|---|---|
| ••••• ••• | | ••••• • | ••• |

______

**1** Bilde mit den drei Ziffernkärtchen sechs verschiedene dreistellige Zahlen.

a) 1 3 8

_____ _____
_____ _____
_____ _____

b) 6 4 8

_____ _____
_____ _____
_____ _____

Bilde mit den drei Ziffernkarten verschiedene dreistellige Zahlen. In den Zahlen darf jede Ziffer nur einmal vorkommen.

925 952
529 592
259 295

**2** Welche ungeraden dreistelligen Zahlen kannst du mit den Ziffern 1, 2, 3 bilden? In den Zahlen darf jede Ziffer nur einmal vorkommen.

__________________________________________

**3** Welche geraden dreistelligen Zahlen kannst du mit den Ziffern 6, 7, 8 bilden? In den Zahlen darf jede Ziffer nur einmal vorkommen.

__________________________________________

**4** Wie heißen die Zahlen?

a) Meine beiden Zahlen bestehen aus den Ziffern 5, 7 und 3. Sie sind kleiner als 500.

b) Meine Zahl ist größer als 500 und kleiner als 600. Sie hat drei gleiche Ziffern.

c) Meine beiden Zahlen bestehen aus den Ziffern 2, 4 und 5. Sie sind größer als 200 und kleiner als 400.

_____ _____ _____

**5** Bilde die kleinste und die größte vierstellige Zahl.

a) 6 3 5 2
kleinste: _____
größte: _____

b) 9 2 0 4
kleinste: _____
größte: _____

c) 7 0 3 8
kleinste: _____
größte: _____

Vervollständige den Steckbrief der Zahl 483.

Vorgänger: 482 Nachbarzehner: 480 490

Nachfolger: 484 Nachbarhunderter: 400 500

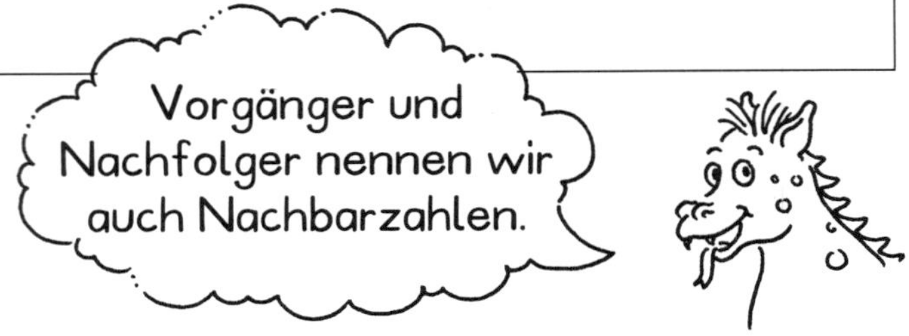


Vervollständige die Steckbriefe der Zahlen.

1. Steckbrief der Zahl 572.
   Vorgänger: ______ Nachbarzehner: ______ ______
   Nachfolger: ______ Nachbarhunderter: ______ ______

2. Steckbrief der Zahl 899.
   Vorgänger: ______ Nachbarzehner: ______ ______
   Nachfolger: ______ Nachbarhunderter: ______ ______

3. Steckbrief der Zahl 645.
   Vorgänger: ______ Nachbarzehner: ______ ______
   Nachfolger: ______ Nachbarhunderter: ______ ______

4. Steckbrief der Zahl 1 758.
   T Nachbarzahlen: ______ ______ Nachbarhunderter: ______ ______
   Nachbarzehner: ______ ______ Nachbartausender: ______ ______

5. Steckbrief der Zahl 2 806.
   T Nachbarzahlen: ______ ______ Nachbarhunderter: ______ ______
   Nachbarzehner: ______ ______ Nachbartausender: ______ ______

6. Steckbrief der Zahl 9 998.
   T Nachbarzahlen: ______ ______ Nachbarhunderter: ______ ______
   Nachbarzehner: ______ ______ Nachbartausender: ______ ______

**1**

a)

| | | | |
|---|---|---|---|
| | 4 | 3 | 8 |
| + | 2 | 9 | 5 |
| | | | |

b)

| | | | |
|---|---|---|---|
| | 6 | 0 | 5 |
| + | 1 | 9 | 6 |
| | | | |

c)

| | | | |
|---|---|---|---|
| | 3 | 7 | 9 |
| + | | | |
| | 9 | 9 | 9 |

d)

| | | | |
|---|---|---|---|
| | 4 | 8 | 6 |
| + | | | |
| | 8 | 4 | 7 |

**2**

a)

| | | | |
|---|---|---|---|
| | 4 | | 6 |
| + | | 5 | |
| | 8 | 3 | 3 |

b)

| | | | |
|---|---|---|---|
| | 2 | 3 | |
| + | | | 4 |
| | 9 | 5 | 1 |

c)

| | | | |
|---|---|---|---|
| | | 8 | 4 |
| + | 4 | | 7 |
| | 7 | 2 | |

d)

| | | | |
|---|---|---|---|
| | 5 | 9 | |
| + | | 6 | 4 |
| | 9 | | 7 |

**3**

a)

| | | | |
|---|---|---|---|
| | 7 | 3 | 5 |
| − | 3 | 8 | 4 |
| | | | |

b)

| | | | |
|---|---|---|---|
| | 9 | 0 | 4 |
| − | 4 | 8 | 6 |
| | | | |

c)

| | | | |
|---|---|---|---|
| | 8 | 4 | 3 |
| − | | | |
| | 2 | 1 | 6 |

d)

| | | | | |
|---|---|---|---|---|
| | 1 | 0 | 0 | 0 |
| − | | | | |
| | | 4 | 6 | 8 |

**4**

a)

| | | | |
|---|---|---|---|
| | 7 | | 5 |
| − | | 3 | |
| | 2 | 6 | 7 |

b)

| | | | |
|---|---|---|---|
| | | 4 | |
| − | 2 | | 6 |
| | 3 | 7 | 5 |

c)

| | | | |
|---|---|---|---|
| | 5 | 8 | |
| − | 4 | | 6 |
| | | 1 | 6 |

d)

| | | | |
|---|---|---|---|
| | 9 | 0 | 9 |
| − | | 3 | 9 |
| | 1 | | |

**5** T

a)

| | | | | |
|---|---|---|---|---|
| | 1 | 2 | 5 | 8 |
| + | 3 | 7 | 9 | 8 |
| | | | | |

b)

| | | | | |
|---|---|---|---|---|
| | 3 | 8 | 0 | 6 |
| + | 4 | 7 | 9 | 7 |
| | | | | |

c)

| | | | | |
|---|---|---|---|---|
| | 6 | 4 | 7 | 5 |
| − | 1 | 6 | 3 | 9 |
| | | | | |

d)

| | | | | |
|---|---|---|---|---|
| | 8 | 4 | 9 | 3 |
| − | 3 | 7 | 4 | 8 |
| | | | | |

**6** T

a)

| | | | | |
|---|---|---|---|---|
| | 5 | | 6 | |
| + | | 4 | | 7 |
| | 7 | 6 | 3 | 1 |

b)

| | | | | |
|---|---|---|---|---|
| | 2 | 0 | | 3 |
| + | | 4 | 6 | |
| | 6 | | 5 | 1 |

c)

| | | | | |
|---|---|---|---|---|
| | 4 | | 5 | |
| − | | 3 | | 8 |
| | 1 | 9 | 3 | 4 |

d)

| | | | | |
|---|---|---|---|---|
| | | 1 | 6 | 1 |
| − | 6 | | 2 | |
| | 2 | 5 | | 9 |

**1** Die Klassen 4 der Regenbogenschule haben für das Tierheim gesammelt.

Hier die Ergebnisse:

| 4a | 4b | 4c | 4d |
|---|---|---|---|
| 247 € | 256 € | 258 € | 246 € |

Die Kinder überschlagen den Gesamtbetrag.
Welcher Überschlag liegt dem Ergebnis am nächsten? Kreuze an.

**2** Welches Ergebnis ist richtig? Überschlage, dann kreuze an.

a)
- ☐ 7 · 94 = 758
- ☐ 7 · 94 = 558
- ☐ 7 · 94 = 658
- ☐ Keines der Ergebnisse ist richtig.

b)
- ☐ 8 · 56 = 548
- ☐ 8 · 56 = 348
- ☐ 8 · 56 = 848
- ☐ Keines der Ergebnisse ist richtig.

**3** Welches Ergebnis ist richtig? Überschlage, dann kreuze an.

☐ a) Ü: 300 + 500 = ______

```
  2 9 6
+ 5 1 3
-------
  7 0 9
```

☐ b) Ü: ______

```
  8 3 5
- 4 8 7
-------
  3 4 8
```

☐ c) Ü: ______

```
  9 1 2
- 3 5 6
-------
  5 2 6
```

**4** Was stimmt? Überschlage, dann kreuze an.

☐ a) Maja hat 207 Sticker in ihrem Album, Anne 198. Anne sagt: „Zusammen sind das mehr als 400 Sticker."

☐ b) Herr Strunz hat für neue Winterreifen 179 € pro Stück bezahlt. Er sagt: „Für 4 Reifen sind das mehr als 800 €."

☐ c) Jakob hat 154 Sammelbilder in seinem Album. Sein Freund Moritz hat genau doppelt so viele Bilder. „Zusammen haben wir fast 400 Bilder", sagt Moritz.

☐ d) Herr Ullrich fährt am Mittwoch 281 km und am Donnerstag 349 km. Seiner Frau erzählt er: „An beiden Tagen waren das mehr als 600 km."

In Daniels Rechnungen sind Fehler aufgetreten. Erkläre, was er falsch gemacht hat. Rechne die Aufgaben richtig.

| | Daniels Rechnung | Meine Erklärung | Ich rechne richtig |
|---|---|---|---|
| 1 | 638<br>+ 283<br>———<br>811 | | |
| 2 | 835<br>− 314<br>———<br>1149 | | |
| 3 | 87 + 3 · 5 = 450 | | |
| 4 | 420 : 7 = 6 | | |
| 5 | 540 : 12 = 27<br>———<br>540 : 10 = 54<br>54 : 2 = 27 | | |
| 6 | 2546<br>+ 347<br>———<br>6016 | | |

T

**1** Wer sitzt wo? Trage die Namen ein.

- Anna sitzt neben Tina.
- Rechts neben Anna sitzt Sina.
- Inga sitzt zwischen Maria und Svenja.
- Svenja sitzt genau gegenüber von Sina.
- Steffi sitzt zwei Stühle weiter als Inga.
- Wo sitzt Olga?

**2** Wer schläft wo? Trage die Namen in die Betten ein.

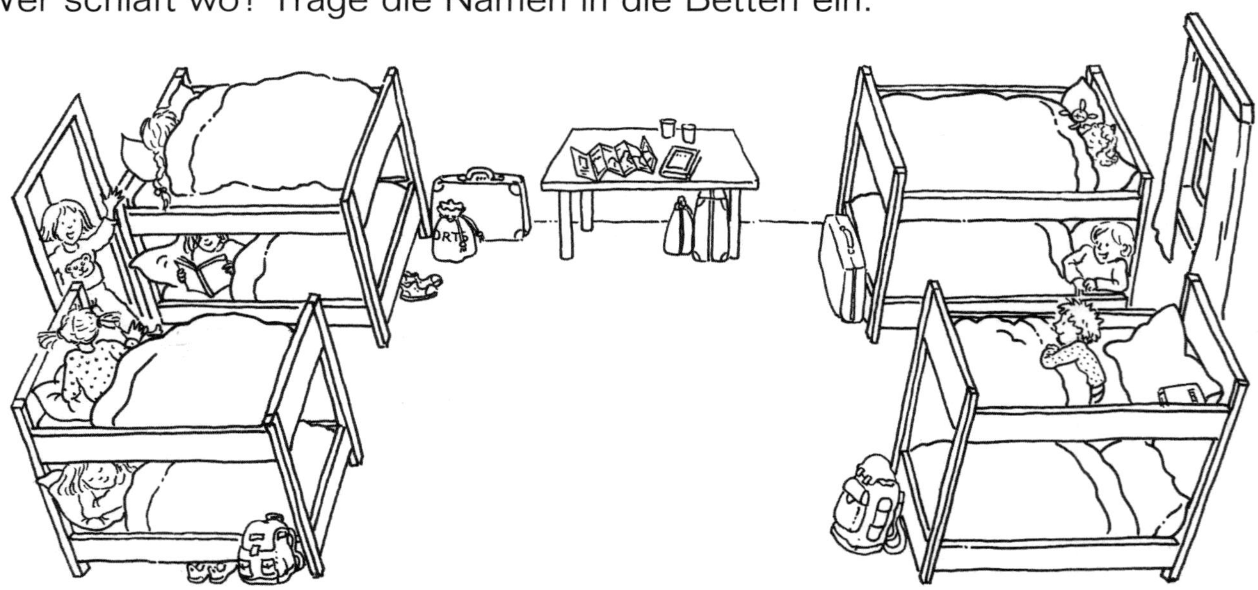

- Olga steht noch in der Tür.
- Anna schläft rechts von der Tür im oberen Bett.
- Maria schläft nicht am Fenster.
- Steffi schläft in dem Bett unter Maria.
- Sina schläft in dem Bett über Svenja.
- Inga schläft unten.
- Wo schläft Tina?

Wie viele Würfel sind es?

1
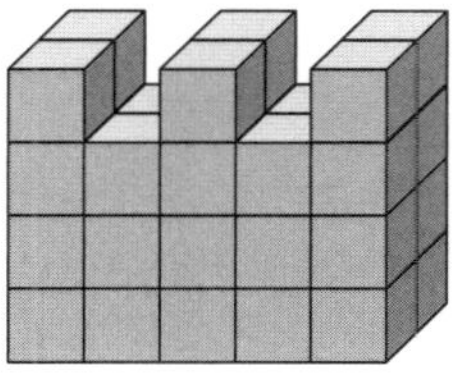

____ Würfel

2

____ Würfel

3

____ Würfel

4

____ Würfel

5
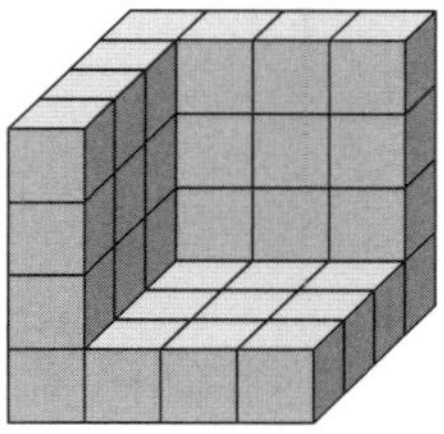

____ Würfel

6

____ Würfel

7
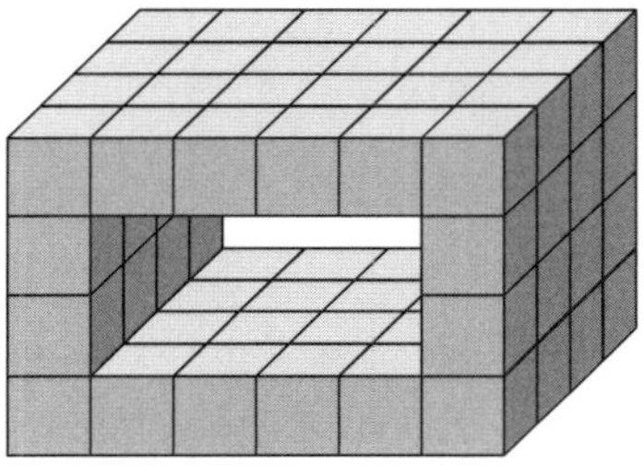

____ Würfel

8
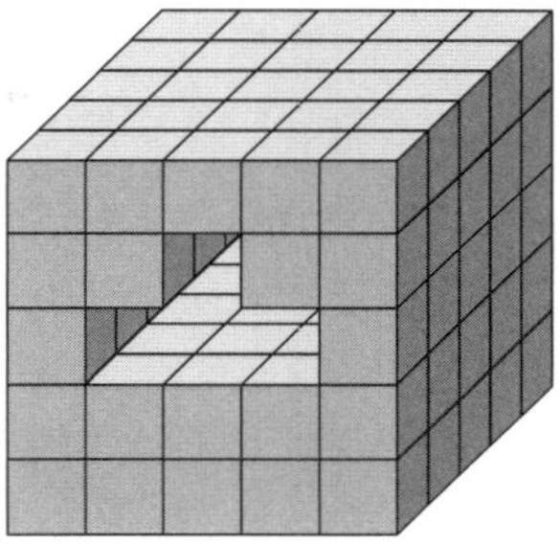

______ Würfel

9
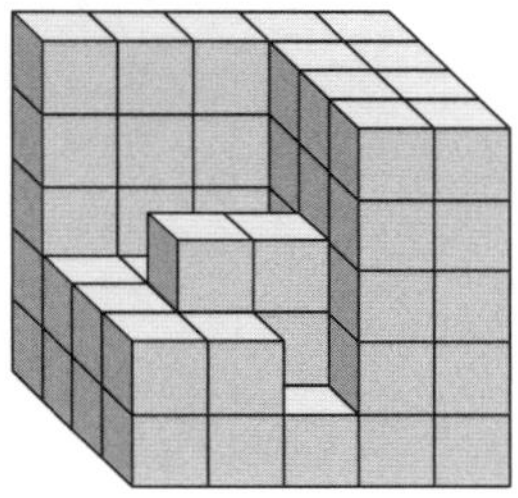

____ Würfel

10 Tina will aus kleinen Würfeln einen großen Würfel bauen.
Wie viele Würfel braucht sie jeweils noch?

a)
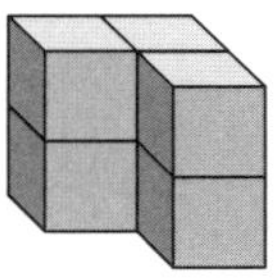

Sie braucht noch
____ Würfel.

b)

Sie braucht noch
____ Würfel.

c)

Sie braucht noch
____ Würfel.

Schreibe zu dem Gebäude einen Bauplan.

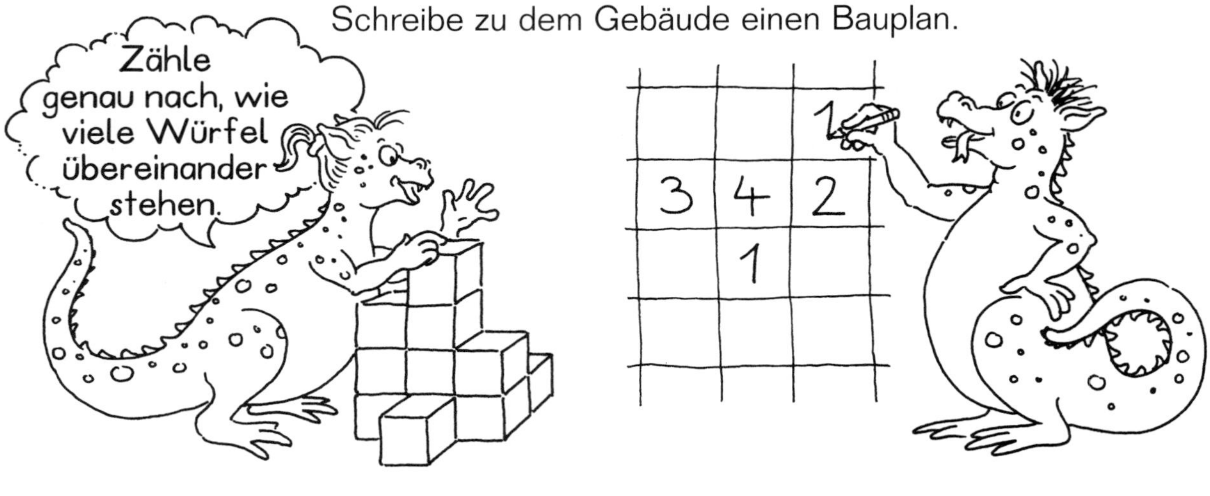


Schreibe zu diesen Gebäuden Baupläne.

1
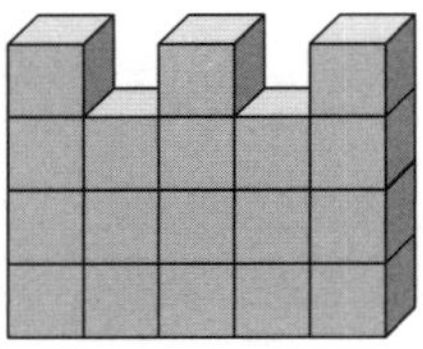

2

3

4

5

6

7

8
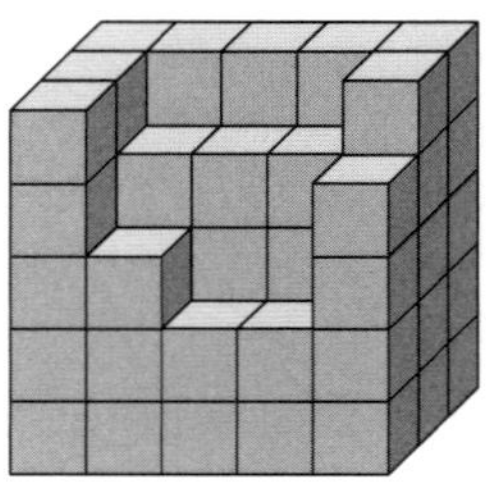

Welches Gebäude gehört zu dem Bauplan. Kreuze an.

**1**

| | | | |
|---|---|---|---|
| 4 | 5 | 4 | 5 |
| 3 | 4 | 3 | 4 |
| 1 | 2 | 1 | 2 |

- ☐ Gebäude A
- ☐ Gebäude B
- ☐ Gebäude C
- ☐ Gebäude D
- ☐ Keines

A

B
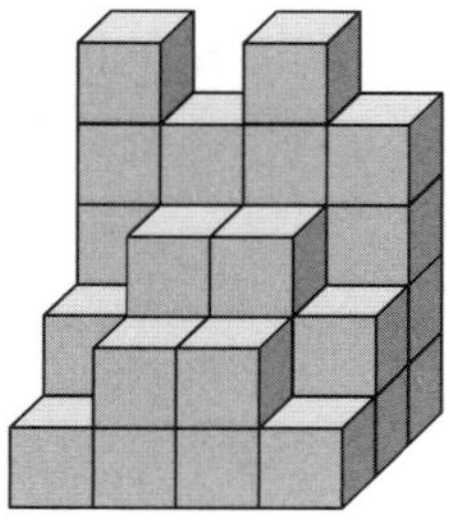
C
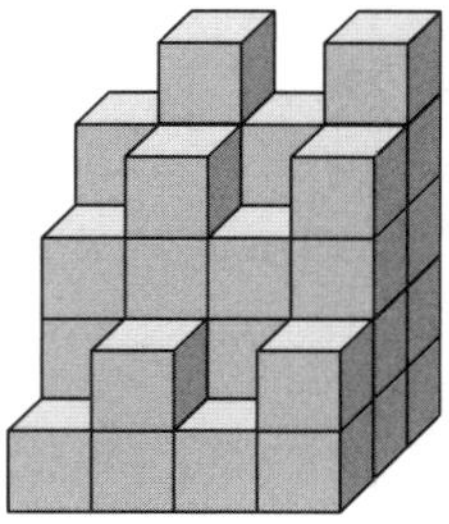
D
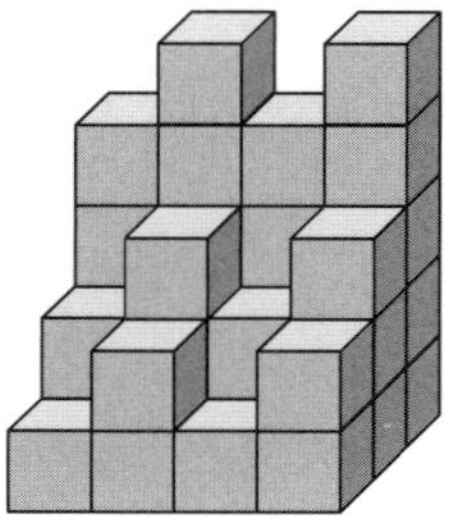

**2**

| | | | |
|---|---|---|---|
| 5 | 4 | 3 | 2 |
| 4 | 3 | 2 | 1 |
| 3 | 2 | 2 | 1 |

- ☐ Gebäude A
- ☐ Gebäude B
- ☐ Gebäude C
- ☐ Gebäude D
- ☐ Keines

A

B

C

D

**3**

| | | | |
|---|---|---|---|
| 4 | 3 | 5 | 3 |
| 4 | 2 | 4 | 2 |
| 1 | 1 | 2 | 1 |

- ☐ Gebäude A
- ☐ Gebäude B
- ☐ Gebäude C
- ☐ Gebäude D
- ☐ Keines

A

B

C

D

Zeichne zu dem Gebäude alle Seitenansichten.

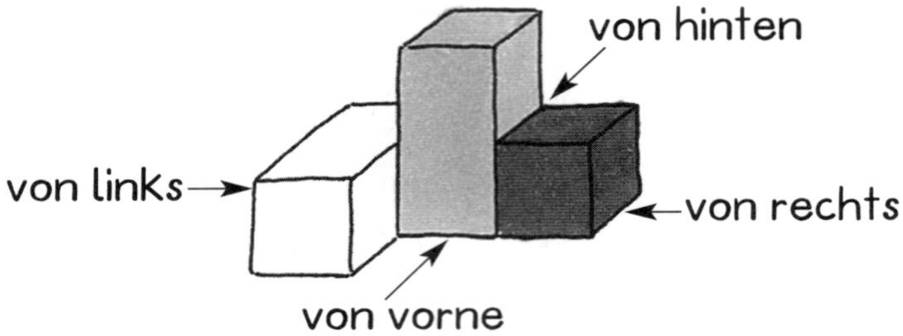

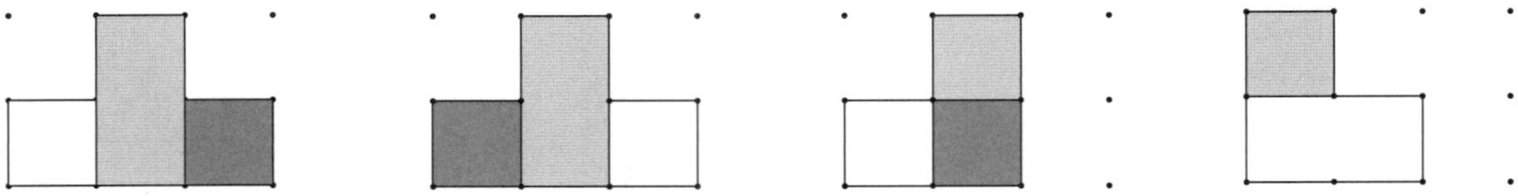

von vorne | von hinten | von rechts | von links

Zeichne zu diesen Gebäuden Seitenansichten.

1

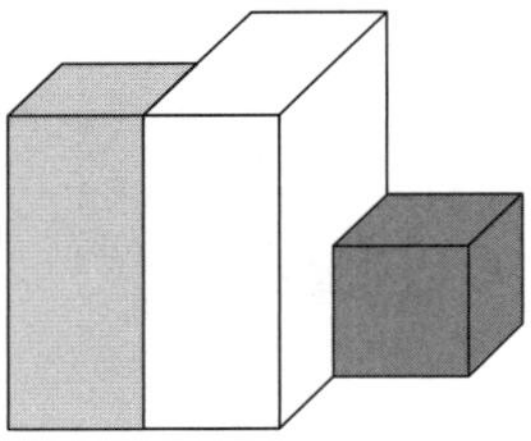

von vorne | von hinten | von rechts

2

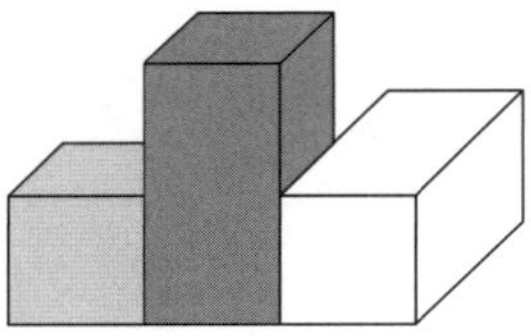

von hinten | von rechts | von links

3

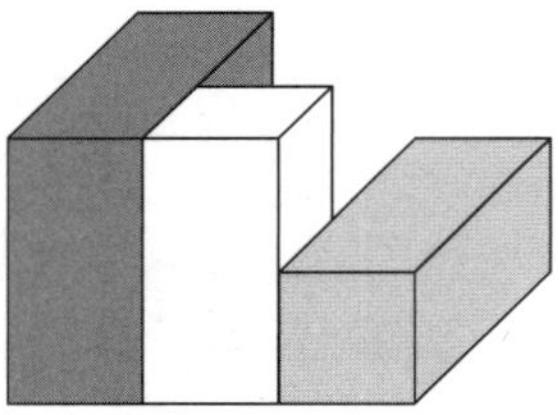

von vorne | von rechts | von links

4

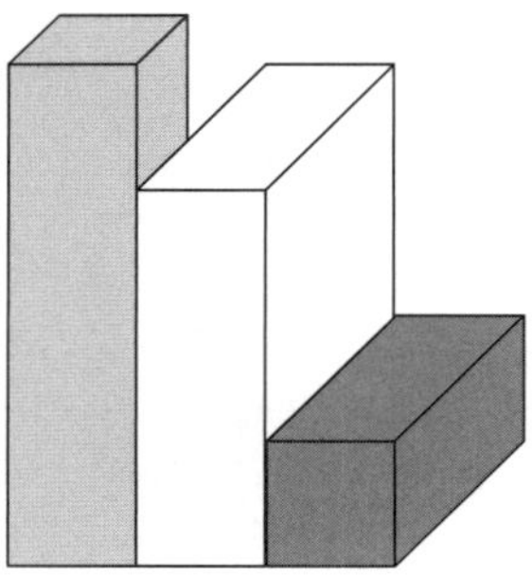

von vorne | von hinten | von links

**1** Dieser Plan zeigt die Straßen einer Stadt. Der Fahrer eines Taxis steht an der Kreuzung bei **x**. Sein Navigationssystem leitet ihn zum Hotel.
„Fahren Sie zwei Blocks westlich, dann zwei Blocks nördlich und einen Block östlich. Sie sind an ihrem Ziel angekommen."
An welcher Ecke ist das Hotel?
Kennzeichne mit H.

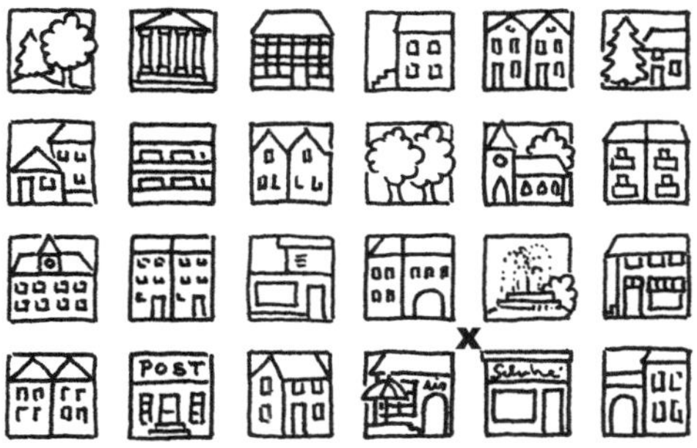


**2** Der Fahrer eines LKWs steht vor der Kreuzung bei **x**. Sein Navigationssystem leitet ihn zum Supermarkt.
„Fahren sie drei Blocks östlich, dann zwei Blocks südlich und zwei Blocks westlich. Sie sind an ihrem Ziel angekommen."
An welcher Ecke ist der Supermarkt?
Kennzeichne mit S.

**3** Der Fahrer eines Paketautos steht an der Kreuzung bei **x**. Er muss zur Post. Leider ist sein Navigationssystem ausgefallen. Kannst du ihm den Weg erklären?

„Fahren Sie ______________________________

__________________________________________

__________________________________________

__________________________________________

__________________________________________

__________________________________________

__________________________________________

**1** Welche Seitenansicht gehört zu welcher Himmelsrichtung?

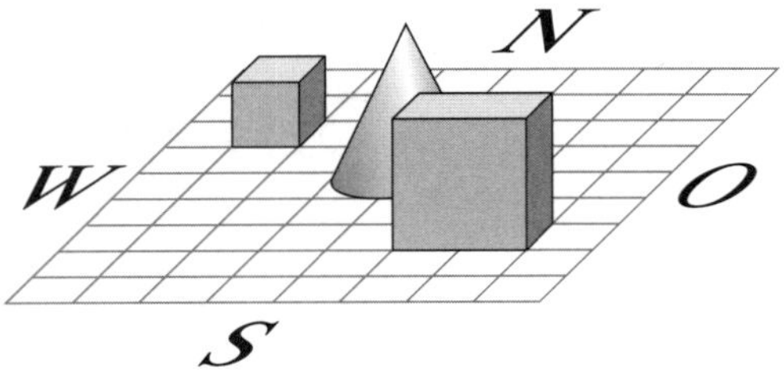


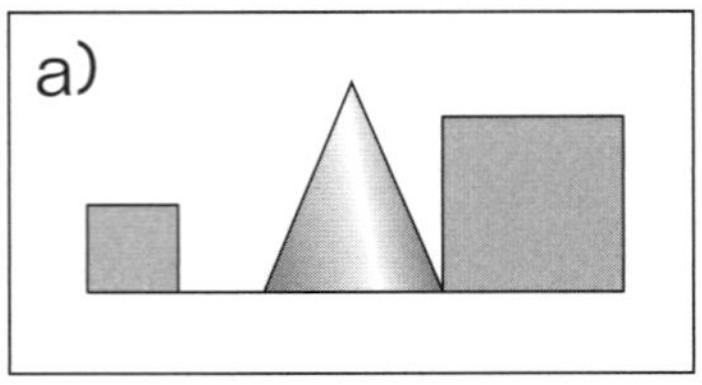


Ansicht von ______

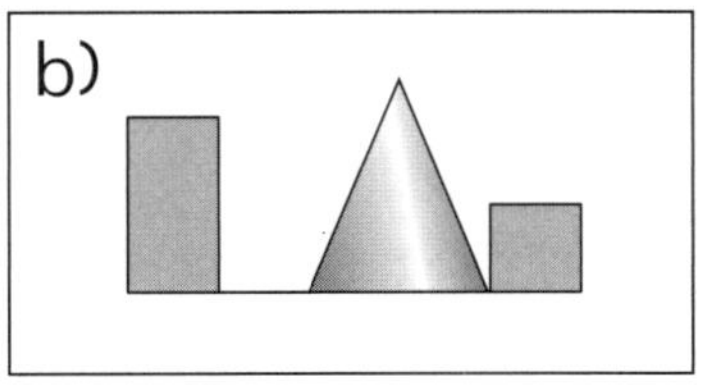


Ansicht von ______

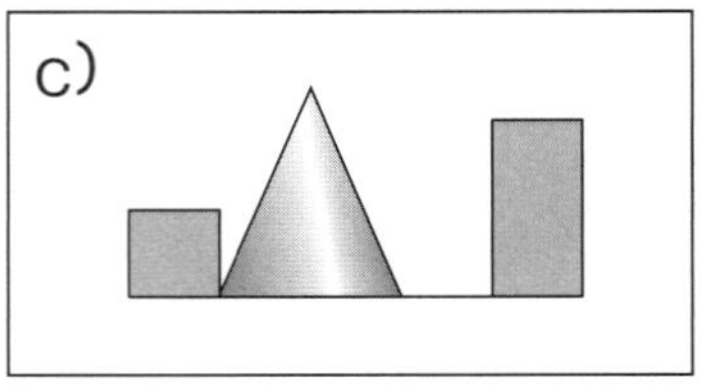


Ansicht von ______

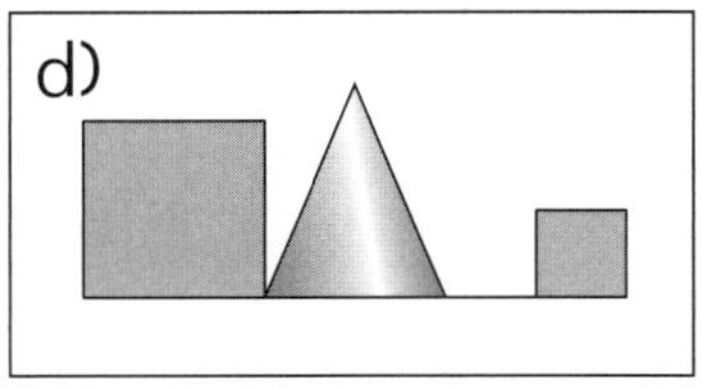


Ansicht von ______

**2**

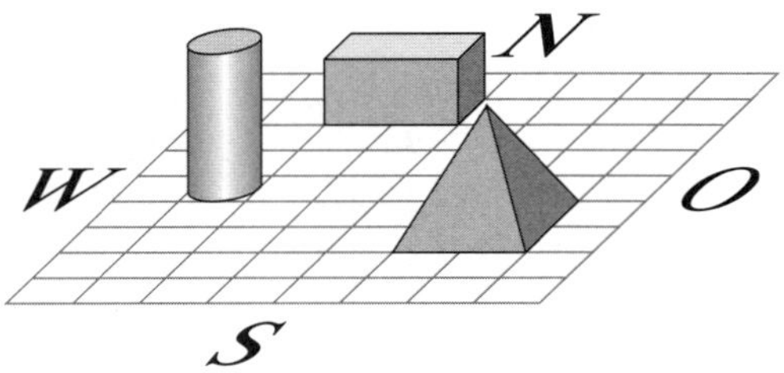


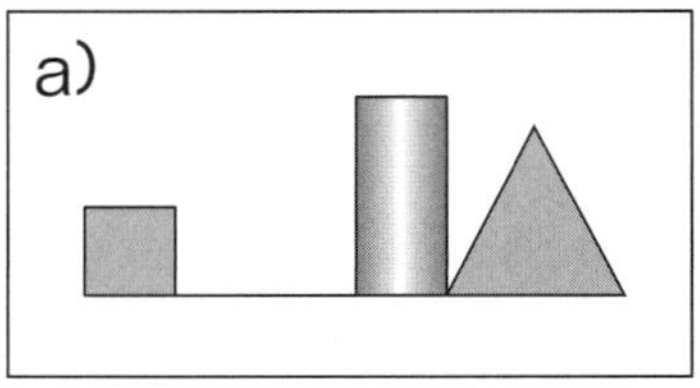


Ansicht von ______

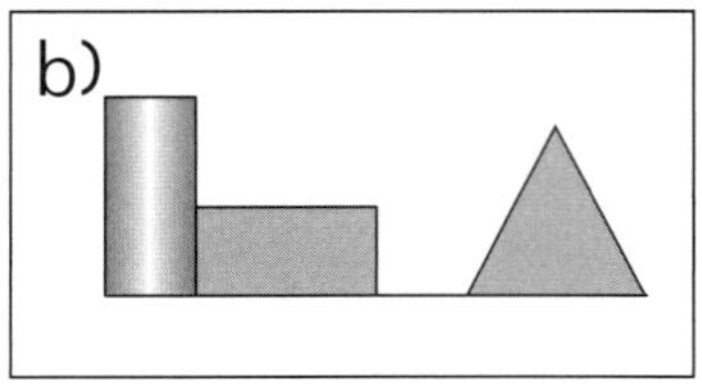


Ansicht von ______

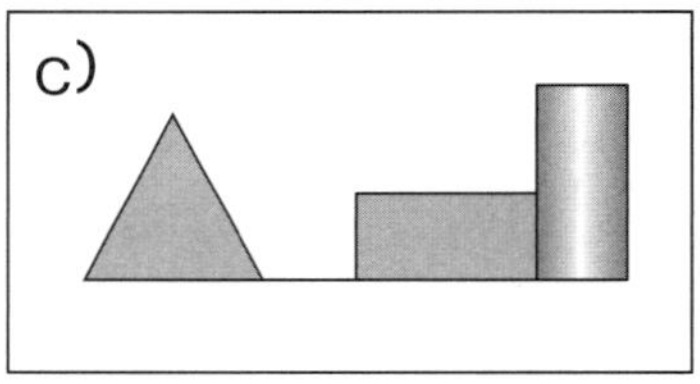


Ansicht von ______

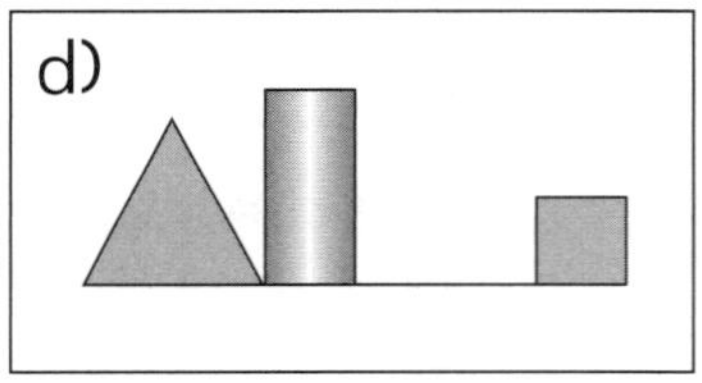


Ansicht von ______

**3** Aus welcher Himmelsrichtung wurden die Bilder gemacht?

a)

Ansicht von ____

b)

Ansicht von ____

c)

Ansicht von ____

d)

Ansicht von ____

**1** Zeichne das Spiegelbild.

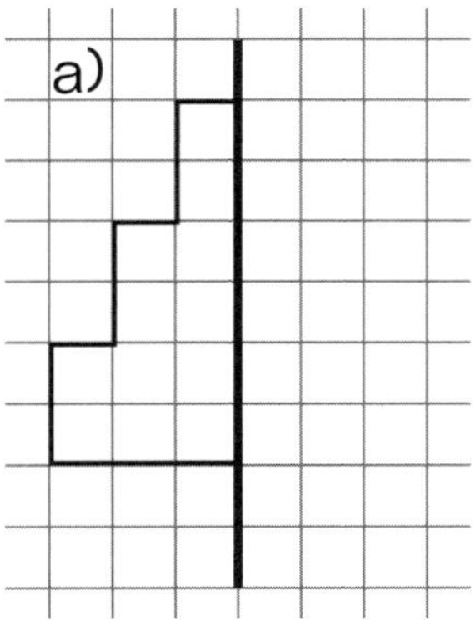

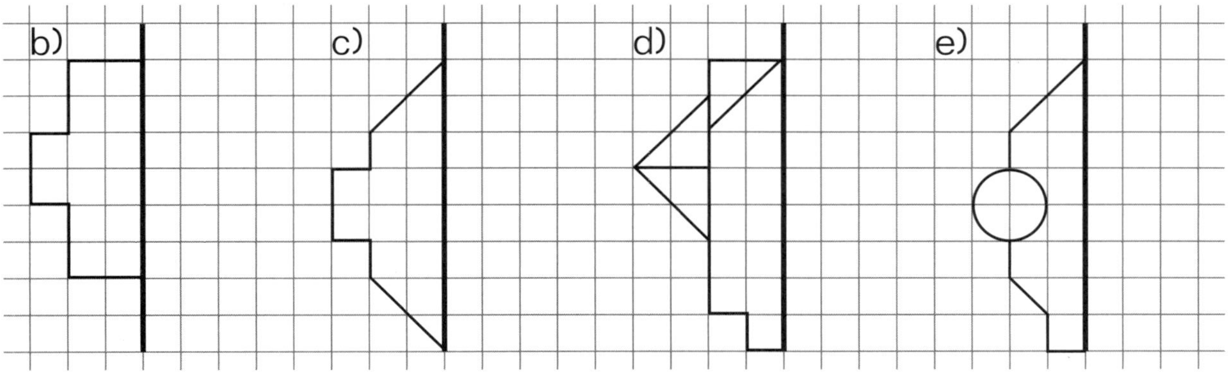


**2** Zeichne das Spiegelbild.

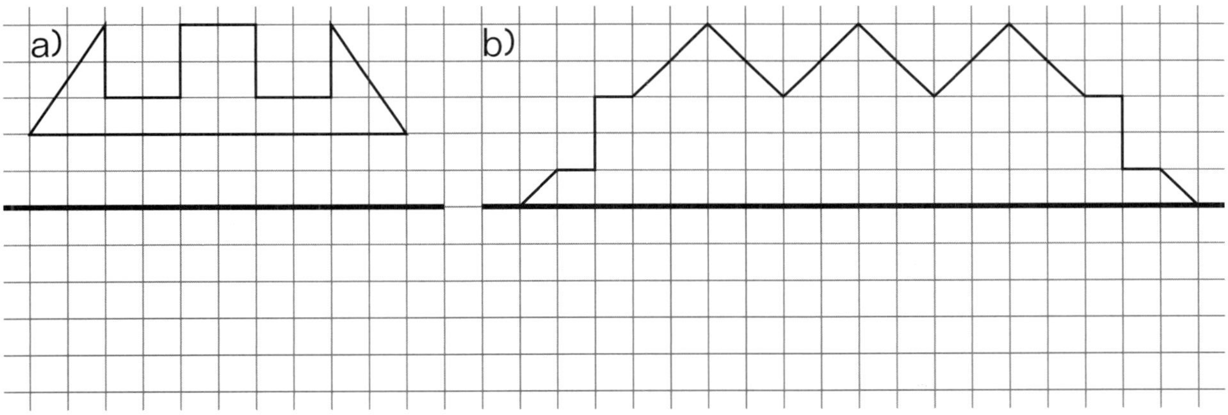


**3** Zeichne das Spiegelbild.

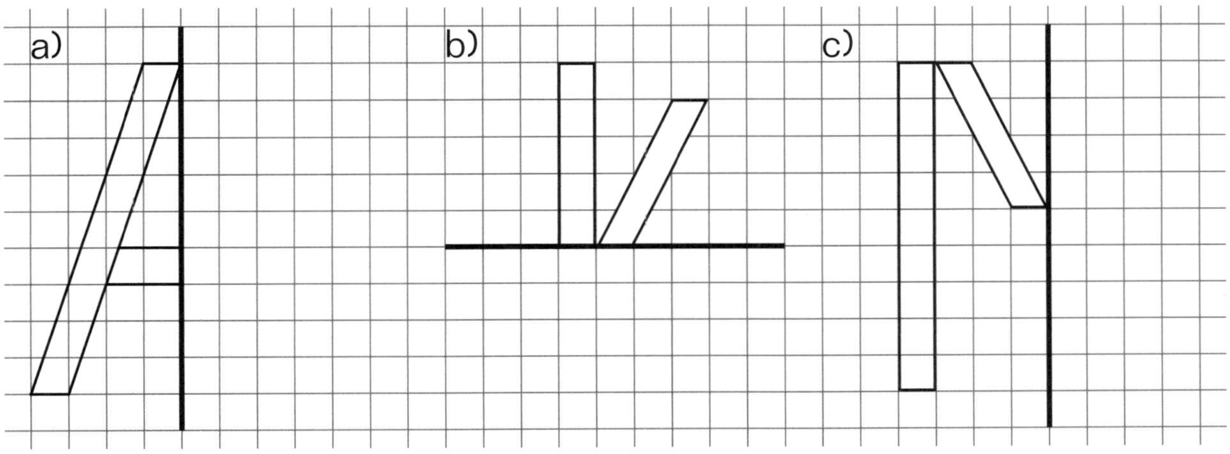

**1** Zeichne in die Figuren **alle** Spiegelachsen ein.
Einige Figuren haben auch keine Spiegelachsen.

a) 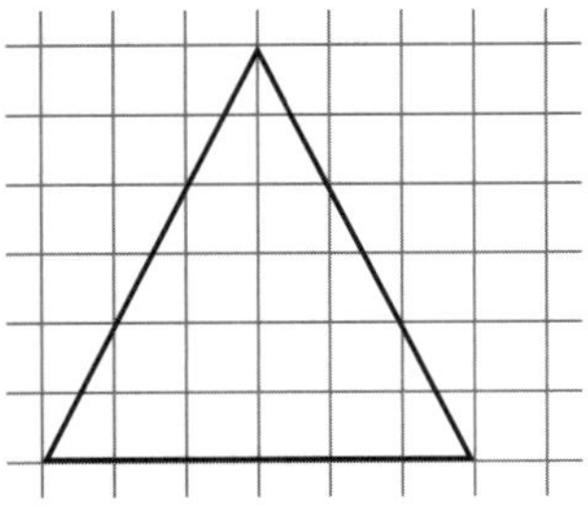

b) 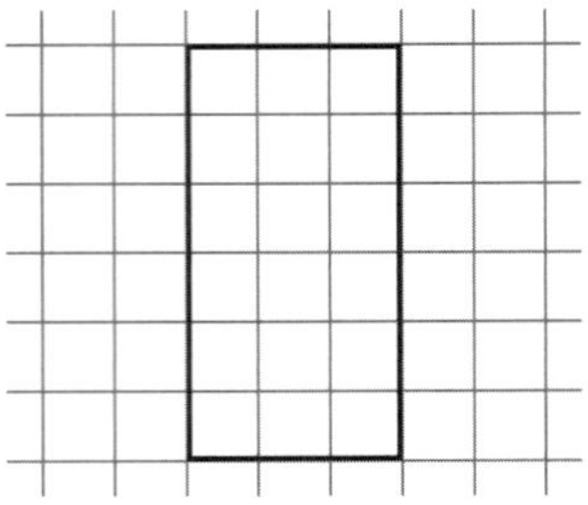

c) 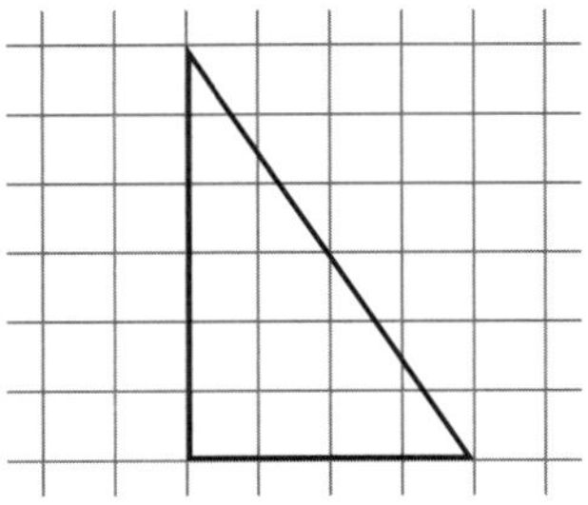

d) 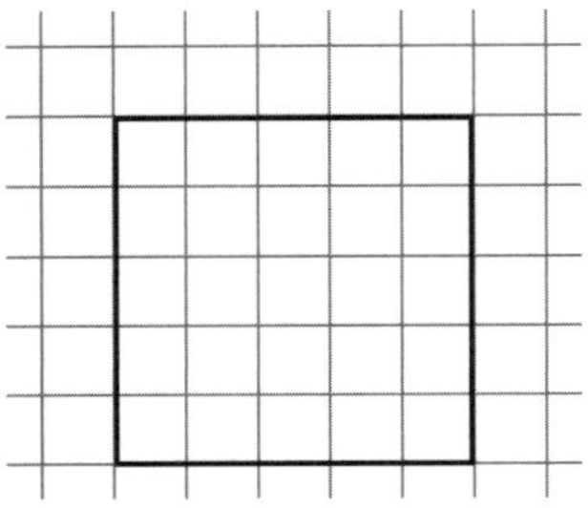

e) 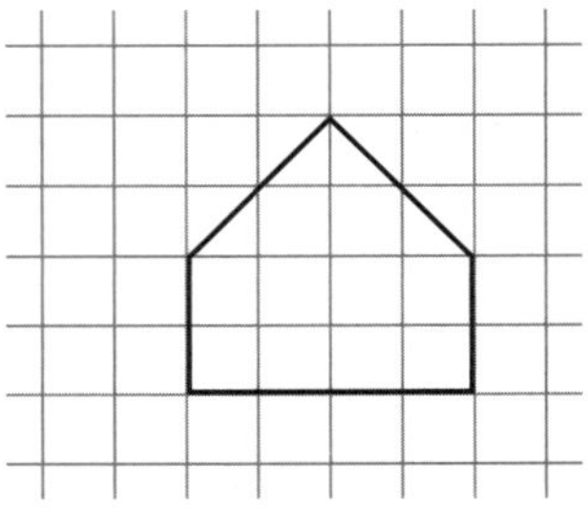

f) 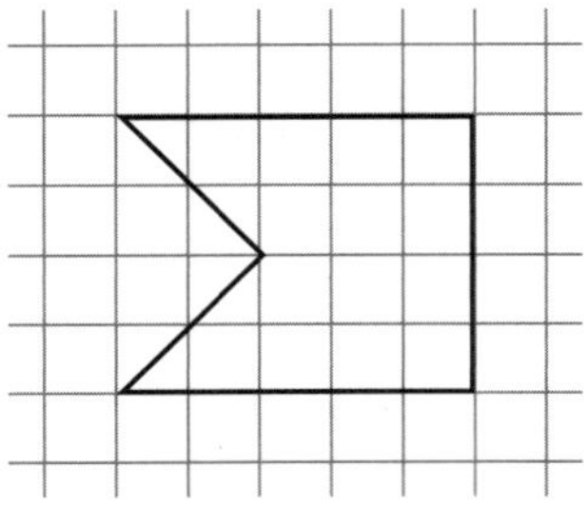

g) 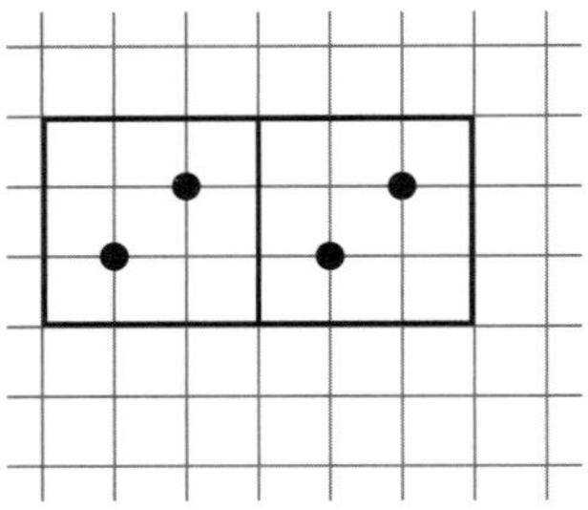

h) 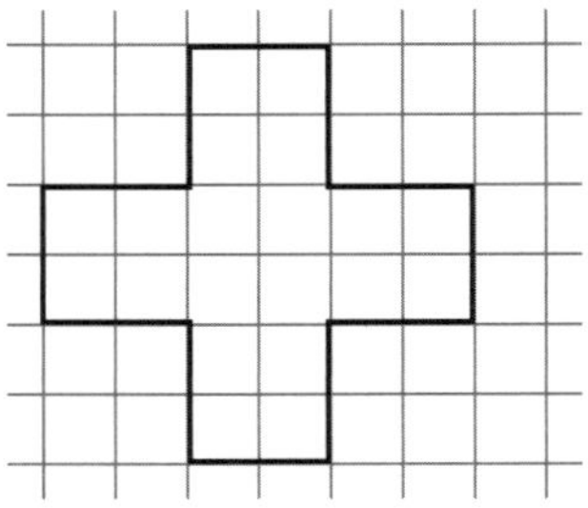

i) 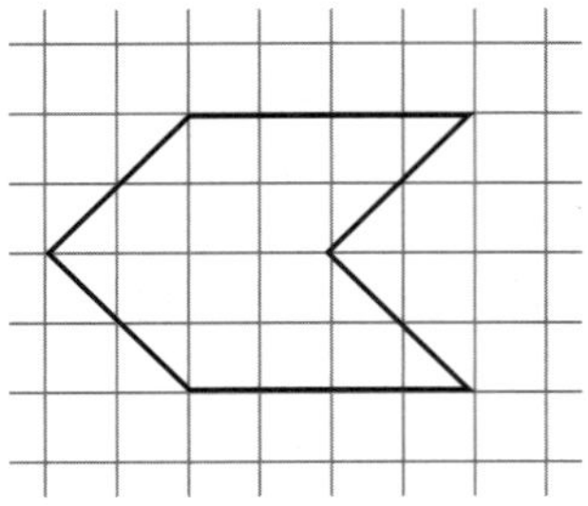

j) 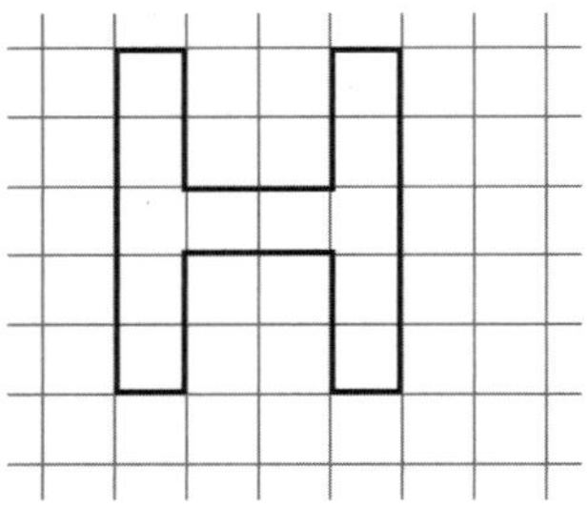

k) 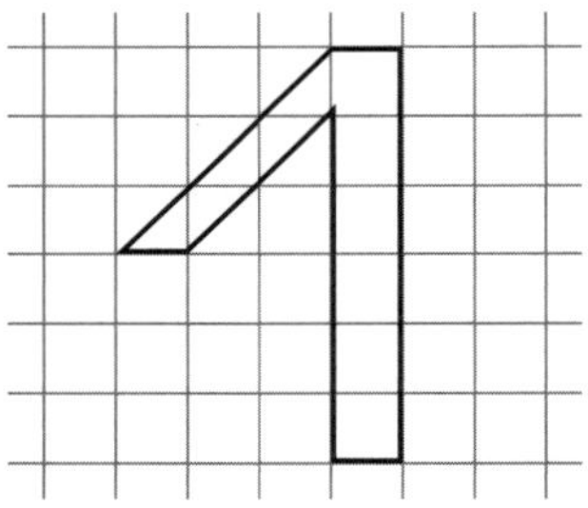

l) 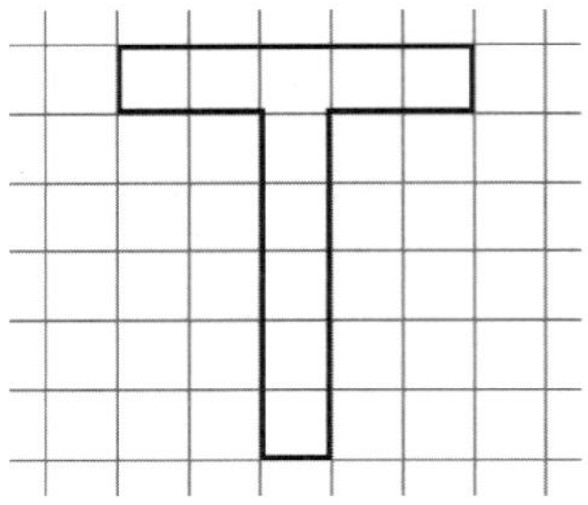

m) 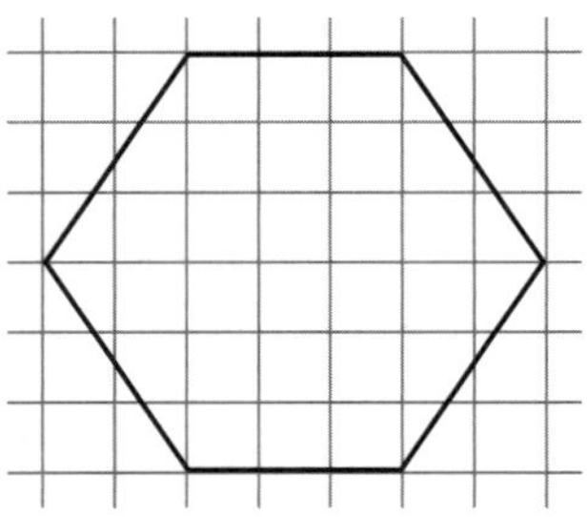

n) 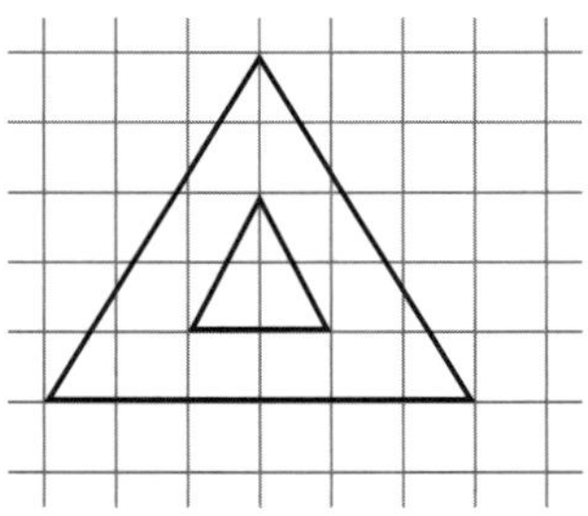

o) 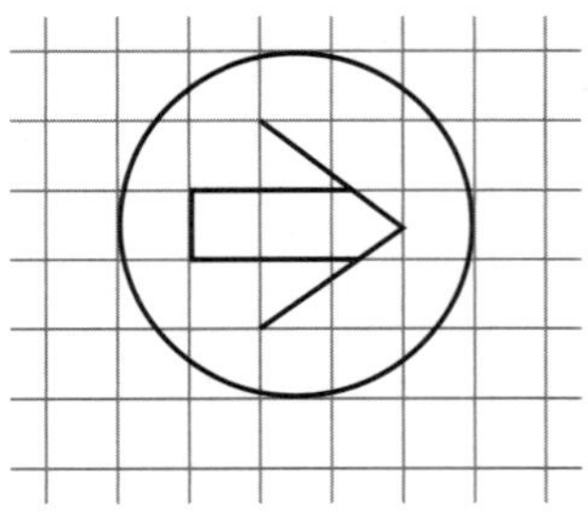

p) 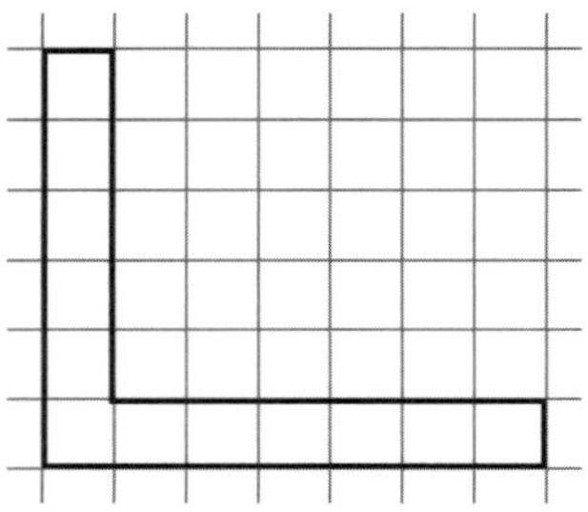

q) 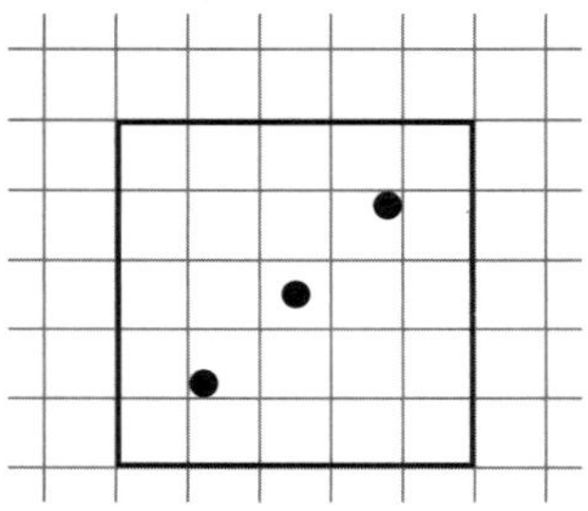

r) 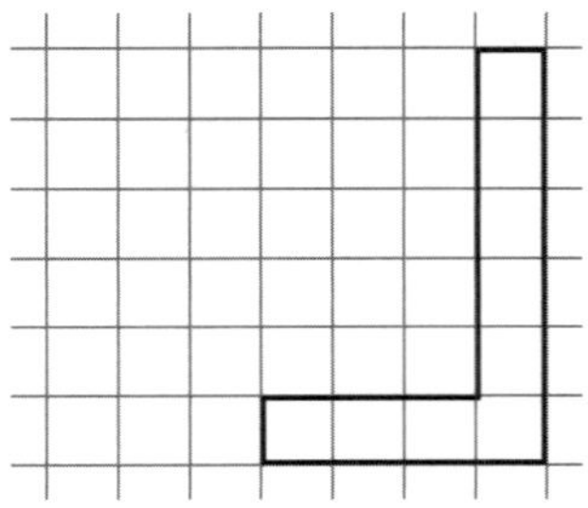

**1** Welche Flächen sind gleich groß?
Schreibe:

A ist gleich groß wie ____
____ ist gleich groß wie ____
____ ist gleich groß wie ____
____ ist gleich groß wie ____
____ ist gleich groß wie ____
____ ist gleich groß wie ____
____ ist gleich groß wie ____

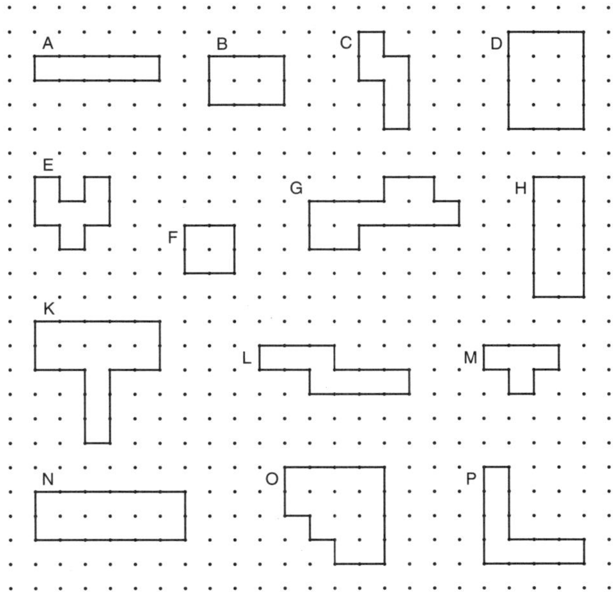


**2** Wie groß ist die Fläche jeder Figur? Trage in die Tabelle ein.

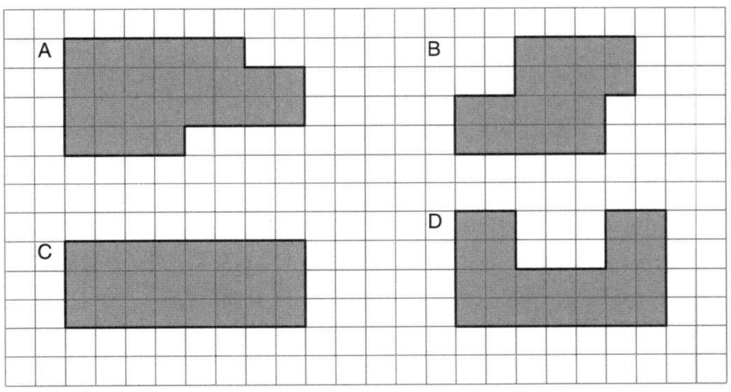


| Figur | Anzahl der Kästchen |
|---|---|
| A | |
| B | |
| C | |
| D | |

**3** Welches Teil passt? Kreuze an.

a)
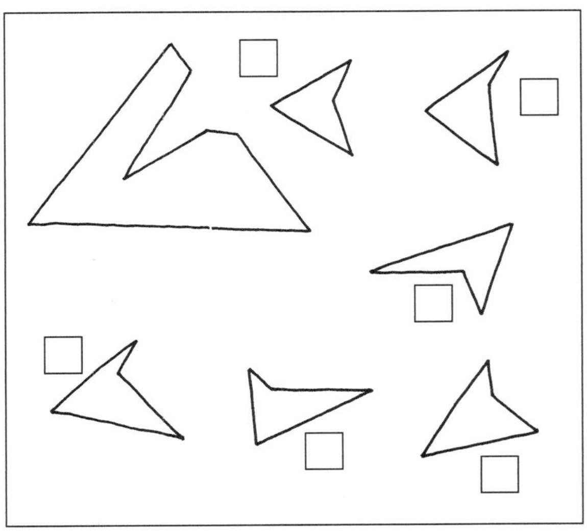

b)
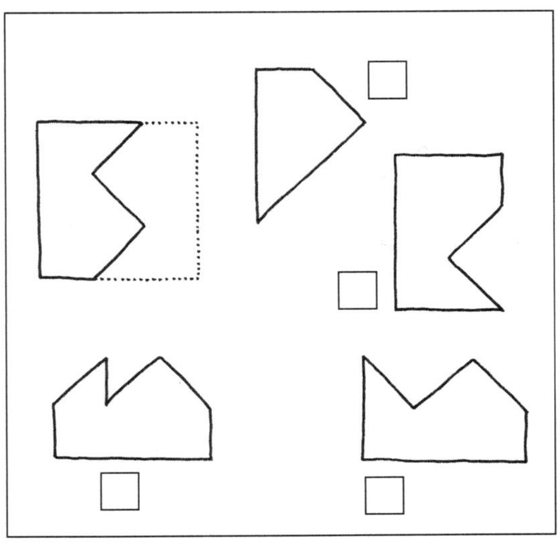

1 Zeichne ein Quadrat. Eine Seite ist vorgegeben. Zeichne an die rechte Seite des Quadrates ein Dreieck.

2 Ergänze zu einem Dreieck. Auf der Spitze des Dreiecks steht mit einer Ecke ein großes Quadrat. An der linken oberen Ecke des Quadrats befindet sich ein kleiner Kreis. Auf der rechten unteren Ecke des Quadrats befindet sich ein großer Kreis.

3 Zerlege das Rechteck in acht Quadrate.

Wie geht die Zahlenfolge weiter? Trage die vier fehlenden Zahlen ein.
Wie heißt die Regel?

+ 40 + 30 + 40 + 30 + 40 + 30 + 40

130 170 200 240 270 310 340 380

Regel: + 40, + 30

**1** Wie geht die Zahlenfolge weiter? Trage die vier fehlenden Zahlen ein.
Wie heißt die Regel?

a) 80 110 114 144 ____ ____ ____ ____
Regel: ____ , ____

b) 400 350 330 280 ____ ____ ____ ____
Regel: ____ , ____

c) 560 500 540 480 ____ ____ ____ ____
Regel: ____ , ____

**2** Finde die Regel für die Zahlenfolgen.

a) 16 24 21 29 26 34 Regel: ____, ____

b) 3 6 14 17 25 28 Regel: ____, ____

c) 55 45 48 38 41 31 Regel: ____, ____

d) 100 85 125 110 150 135 Regel: ____, ____

e) 150 130 330 350 330 530 Regel: ____, ____, ____

**1** Hier siehst du verschiedene Trauben.

a) Zeichne Traube 4 und Traube 5.

Traube 1 Traube 2 Traube 3 Traube 4 Traube 5

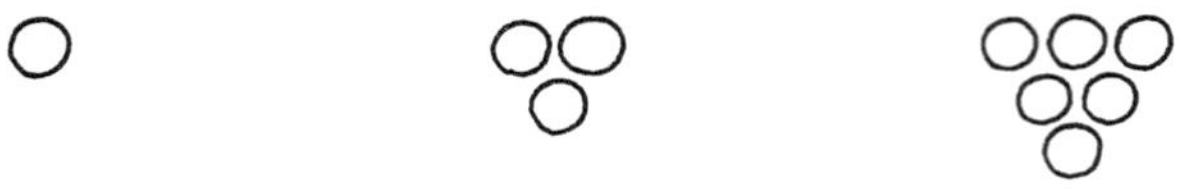

b) Bestimme die Anzahl der Trauben von Traube 7 ohne zu zeichnen.

______________________________

**2** a) Zeichne Figur 5.

Figur 1 Figur 2 Figur 3 Figur 5

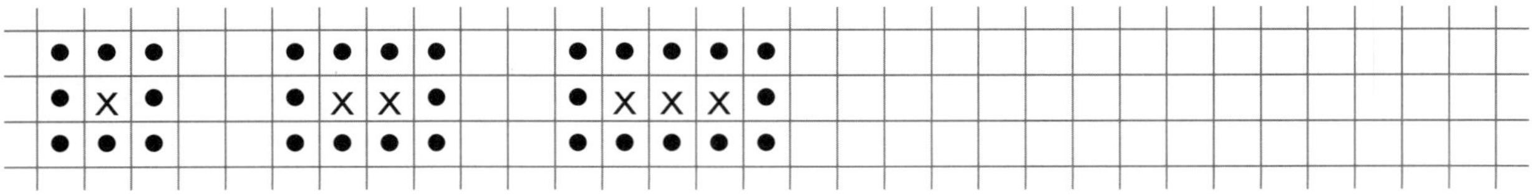

b) Bestimme die Anzahl der Punkte von Figur 8 ohne zu zeichnen.

______________________________

**3** a) Zeichne Figur 4.

Figur 1 Figur 2 Figur 3 Figur 4

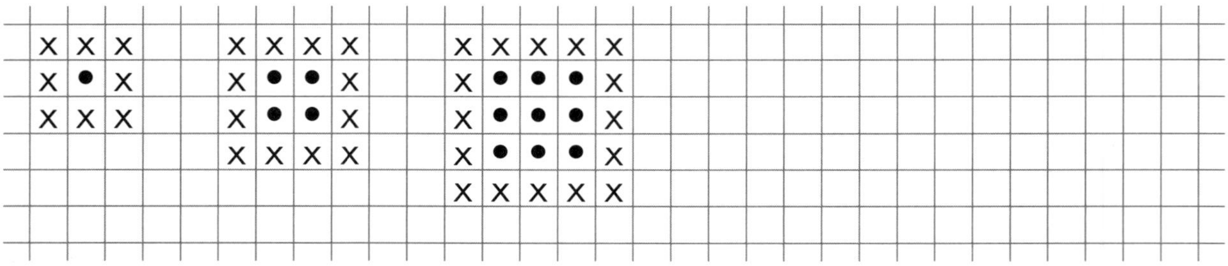

b) Bestimme die Anzahl der Kreuze von Figur 6 ohne zu zeichnen.

______________________________

**4** a) Zeichne Figur 5.

Figur 1 Figur 2 Figur 3 Figur 4 Figur 5

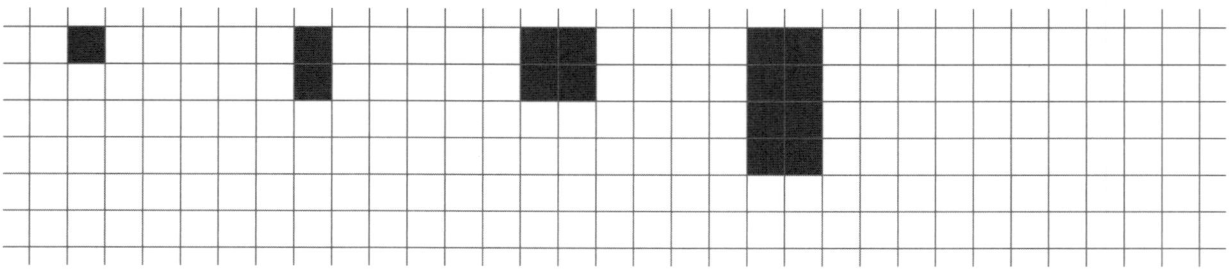

b) Bestimme die Anzahl der Kästchen von Figur 7 ohne zu zeichnen.

______________________________

**1** Schreibe zwei weitere Aufgaben auf.

| a) | b) | c) | d) | e) |
|---|---|---|---|---|
| 12 | 123 | 234 | | |
| + 210 | + 321 | + 432 | | |

f) Warum gibt es bei der letzten Aufgabe nicht wieder gleiche Ziffern?
Begründe: ______________________________

**2** Schreibe zwei weitere Aufgaben auf.

| a) | b) | c) | d) | e) |
|---|---|---|---|---|
| 210 | 321 | 432 | | |
| − 12 | − 123 | − 234 | | |

**3**

| a) | b) | c) | d) | e) |
|---|---|---|---|---|
| 989 | 878 | 767 | | |
| − 898 | − 787 | − 676 | | |

**4**

| a) | b) | c) | d) | e) |
|---|---|---|---|---|
| 1001 | 1001 | 1001 | | |
| − 779 | − 668 | − 557 | | |

**5** Vervollständige die Aufgaben.

a) 10 + 20 + 30 + 40 = 2 · 50 = ____
30 + 40 + 50 + 60 = 2 · 90 = ____
20 + 30 + 40 + 50 = __________
60 + ______________________

b) 3 + 4 + 5 = 3 · 4 = ____
7 + 8 + 9 = 3 · 8 = ____
10 + 11 + 12 = 3 · 11 = ____
14 + ______________________

Begründe:

a) ______________________________

______________________________

______________________________

b) ______________________________

______________________________

______________________________

**1** Frau Klein kauft für Sarah und Luca zwei Paar Ski.
Ein Paar ist 120 cm lang, das andere 140 cm lang.
Die längeren Ski sind 40 Euro teurer als die kürzeren. Frau Klein zahlt zusammen 420 Euro.
Wie teuer ist jedes Paar?

Antwort: ______________________________

**2** Tom und Yannik stehen 100 Meter voneinander entfernt. Sie gehen aufeinander zu. Jeder geht 40 Meter.
Welcher Abstand ist nun zwischen ihnen?

Antwort: ______________________________

**3** Marius legt 13 Euro mit Münzen. Er hat 14 Münzen, nur 2 €- und 50 ct-Münzen.
Wie viele 2 €-Münzen sind es? Wie viele 50 ct-Münzen sind es?

Antwort: ______________________________

**4** Das Bundesligaspiel beginnt um 15.30 Uhr. Die reine Spielzeit dauert 90 Minuten. Die Halbzeitpause ist 15 Minuten lang. Der Schiedsrichter läßt vier Minuten nachspielen.
Wann ist das Spiel zu Ende?

Antwort: ______________________________

**1** Drei Brötchen kosten 0,90 €.
Der Lehrer kauft 20 Brötchen.

| Brötchen | 3 | | |
|---|---|---|---|
| Preis (€) | 0,90 | | |

Antwort: ____________________

____________________

**2** Sechs Flaschen Apfelsaft kosten 3,90 €. Frau Klein kauft 9 Flaschen.

Antwort: ____________________

____________________

**3** 5 Knäuel Wolle kosten 8,50 €.
Frau Lehmann kauft 8 Knäuel.

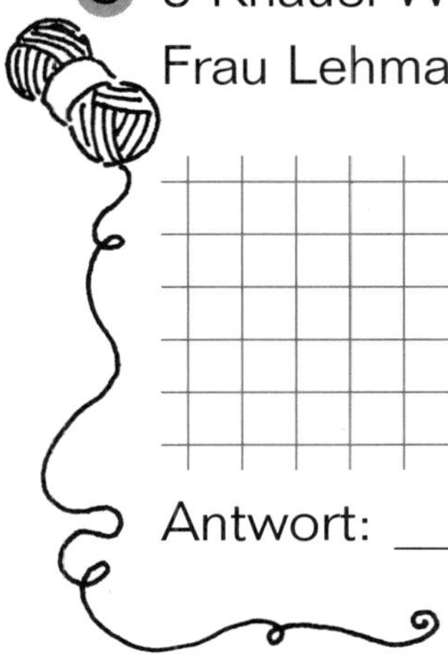

Antwort: ____________________

____________________

**4** 4 Stücke Apfelkuchen kosten 3,20 €. Herr Stein kauft 6 Stücke.

Antwort: ____________________

____________________

**5** Ergänze die Preistabellen.

a)

| Gerbera | 1 | 2 | 4 | 9 |
|---|---|---|---|---|
| Preis (€) | | 1,50 | | |

b)

| Nelken | | 4 | 8 | 10 |
|---|---|---|---|---|
| Preis (€) | | 2,60 | | |

c)

| Brötchen | 2 | 3 | 5 | 7 |
|---|---|---|---|---|
| Preis (€) | | | | 1,47 |

d)

| Gurken | | 3 | 5 | 7 |
|---|---|---|---|---|
| Preis (€) | | 2,40 | | |

**6** Vergleiche die Preise. Was ist günstiger? Kreuze an.

☐ 100 g-Tafel
☐ 200 g-Tafel

☐ 1 Heft
☐ 10 Hefte

☐ 250 g-Glas
☐ 700 g-Glas

**1** Die Klasse 3 a der Regenbogenschule macht einen Ausflug ins Schwimmbad. Es gibt 18 Schwimmer und 11 Nichtschwimmer. Die Kinder werden von 5 Erwachsenen begleitet.
Der Eintritt für jedes Kind kostet 2,50 Euro.
Der Eintritt für Erwachsene kostet 4 Euro.
Um 10.30 Uhr betreten sie das Schwimmbad.

a) Kreuze die Fragen an, die du durch Rechnungen beantworten kannst.

- ☐ Wie viele Personen nehmen insgesamt an dem Ausflug teil?
- ☐ Wie viel Eintritt muss insgesamt bezahlt werden?
- ☐ Wie viele Stunden hat das Schwimmbad täglich geöffnet?
- ☐ Wie viele Kinder sind in der Klasse 3 a?

b) Wie musst du die Geschichte ergänzen, damit folgende Angaben passen?

– Sie waren 4h 15min im Schwimmbad.

________________________________________

– Die Lehrerin bekommt 7,50 Euro zurück.

________________________________________

**2** Tina, Sarah und Julia kaufen sich jeder ein Perlenarmbändchen. Zusammen bezahlen sie 11,97 Euro. Zwei Wochen später kauft Uschi sich auch eines, denn der Preis wurde um 1,25 Euro heruntergesetzt.
Wie viel muss Uschi bezahlen?
Wie rechnest du? Kreuze an.

- ☐ Hier kann man nichts rechnen.
- ☐ Erst mal, dann geteilt
- ☐ Erst geteilt, dann minus
- ☐ Nur minus

Antwort: ____________________________

____________________________________

**3** Lucas Mutter ist viermal so alt wie er. Sie ist 36 Jahre alt.

Überlege, ob es etwas zu rechnen gibt. Wenn ja, dann kreuze den Lösungsweg an.

☐ Hier gibt es nichts zu rechnen.
Ich würde so rechnen:

- ☐ 4 · 36
- ☐ 36 – 4
- ☐ 4 : 36
- ☐ 36 : 4
- ☐ 36 + 4

Antwort: ____________________________

____________________________________

**1** Für das Theaterstück „Die kleine Hexe" hat die Klasse 4 a schon 60 Eintrittskarten verkauft. Jede Karte kostet 2 Euro. 200 Plätze sind noch frei. Wie hoch sind die Einnahmen insgesamt, wenn alle Plätze besetzt sind.

Antwort: ______________________________

**2** Tina wiegt 36 kg. Sie feiert ihren 9. Geburtstag. Wie viele Freundinnen lädt sie ein?

Antwort: ______________________________

**3** Lisa und Tom kaufen beim Bäcker Knobel ein. Lisa kauft drei Brezeln und drei Kornbrötchen. Sie bezahlt 9,70 Euro. Tom kauft drei Brezeln und ein Kornbrötchen. Er zahlt 1,90 Euro. Wie viel kostet eine Brezel? Wie viel kostet ein Kornbrötchen?

Antwort: ______________________________

**4** Ein Apfel wiegt 200 g. Eine Melone ist dreimal so schwer. Eine Birne ist halb so schwer wie eine Melone. Ein Päckchen Butter wiegt 250 g, eine Tüte Mehl ist viermal so schwer. Wie viele Birnen sind so schwer wie eine Tüte Mehl und zwei Päckchen Butter?

Antwort: ______________________________

**5** Die 27 Kinder der Klasse 4 b möchten im Phantasialand mit dem Riesenrad fahren. In einer Gondel können immer 6 Kinder fahren.

Antwort: ______________________________

**1** Das Säulendiagramm zeigt die Anzahl der Jungen und Mädchen der Burgwaldschule.

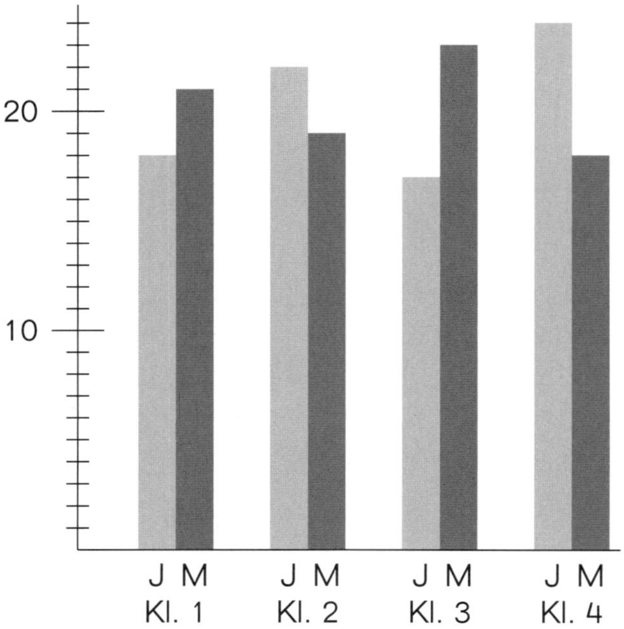


a) Fülle die Tabelle aus.

| | J | M |
|---|---|---|
| Kl. 1 | | |
| Kl. 2 | | |
| Kl. 3 | | |
| Kl. 4 | | |

b) Wie viele Mädchen sind es insgesamt? ________

c) Wie viele Kinder sind auf der Schule? ________

**2** Die Kinder der Klasse 4a messen eine Woche lang jedenTag um 10 Uhr die Temperatur auf dem Schulhof. Hier sind die Messergebnisse.

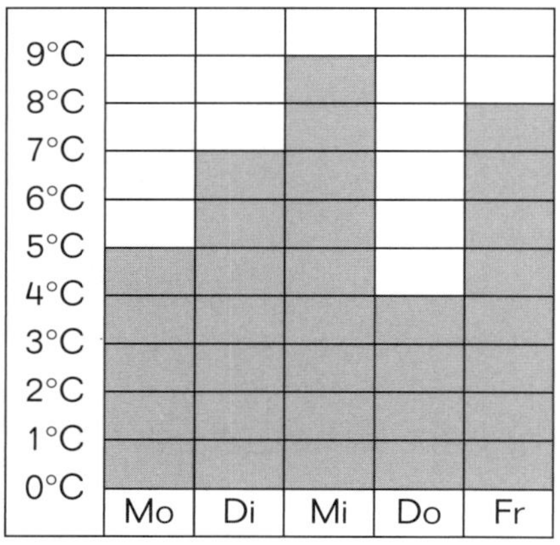


a) An welchem Tag war es kälter als am Montag? ________________

b) Wann wurde die höchste Temperatur gemessen? ________________

c) Welche Temperatur wurde am Dienstag gemessen? ________________

d) Wie viel Grad war es am Montag kälter als am Mittwoch? ________________

**3** Jan, David, Timo und Fabian laufen um die Wette. Die Lehrerin stoppt die Zeit.

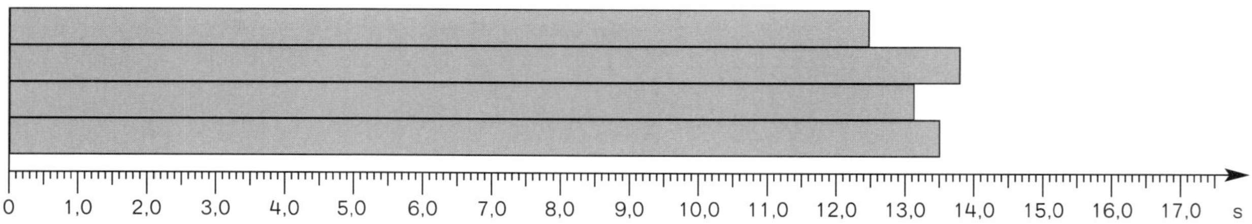


Jan war der Schnellste. Schreibe den Namen in den entsprechenden Streifen. David brauchte die meiste Zeit. Timo war schneller als Fabian. Welche Zeit lief Fabian? ________________

**1** Die Klasse 3 a hat in der Schule eine Umfrage gemacht und die Monate festgestellt, in denen die Kinder Geburtstag haben.

| Januar | Februar | März | April | Mai | Juni | Juli | August | September | Oktober | November | Dezember |
|---|---|---|---|---|---|---|---|---|---|---|---|
| 卌 卌 卌 \|\| | 卌 卌 卌 \|\|\| | 卌 卌 卌 卌 \|\|\| | 卌 卌 卌 \|\|\|\| | 卌 卌 卌 卌 | 卌 卌 卌 | 卌 卌 \|\| | 卌 卌 卌 \| | 卌 卌 卌 卌 卌 卌 | 卌 卌 卌 卌 卌 \|\| | 卌 卌 卌 \|\|\|\| | 卌 卌 卌 \|\|\| |

Zeichne ein Säulendiagramm. Für jedes Kind zeichne 1 mm.

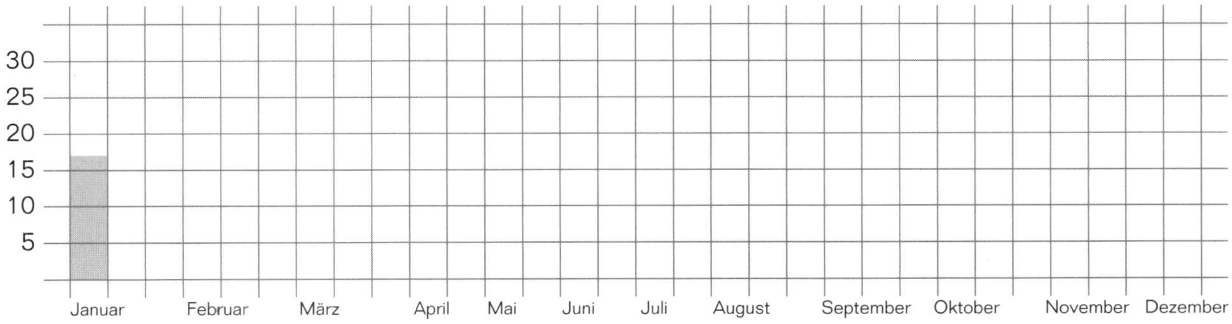


**2** Die Tabelle zeigt die Anzahl der Schulanfänger der Regenbogenschule in den letzten Jahren.

| Jahr | Anzahl der Mädchen | Anzahl der Jungen |
|---|---|---|
| 2001 | 37 | 38 |
| 2002 | 43 | 26 |
| 2003 | 51 | 31 |

**3** Zeichne ein Balkendiagramm. Für jedes Kind zeichne 1 mm.

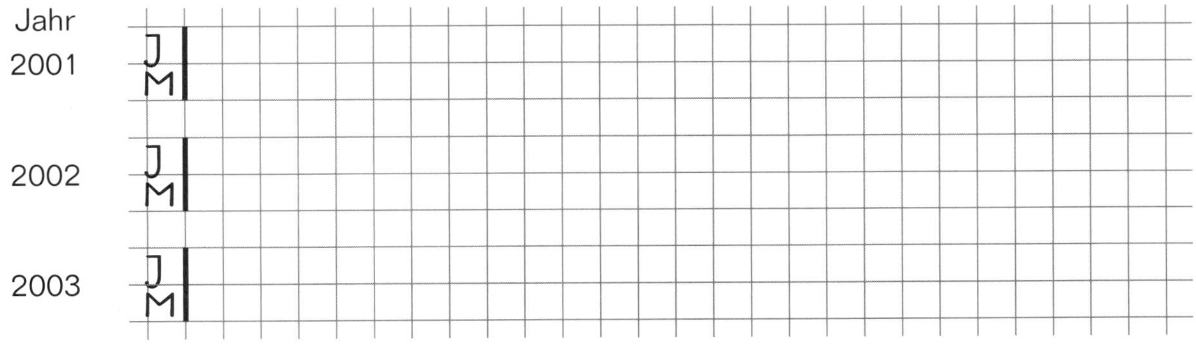


**4** Paula und Luca haben am Samstag gezählt, wie viele Personen – und Lastwagen in den einzelnen Stunden an ihrem Haus vorbei gefahren sind. Zeichne zu den Angaben ein Balkendiagramm. 1 Kästchen bedeutet 2 PKW oder 2 LKW.

| Zeit | PKW | LKW |
|---|---|---|
| 8.00 – 10.00 | 28 | 16 |
| 10.00 – 12.00 | 24 | 17 |
| 12.00 – 14.00 | 33 | 11 |

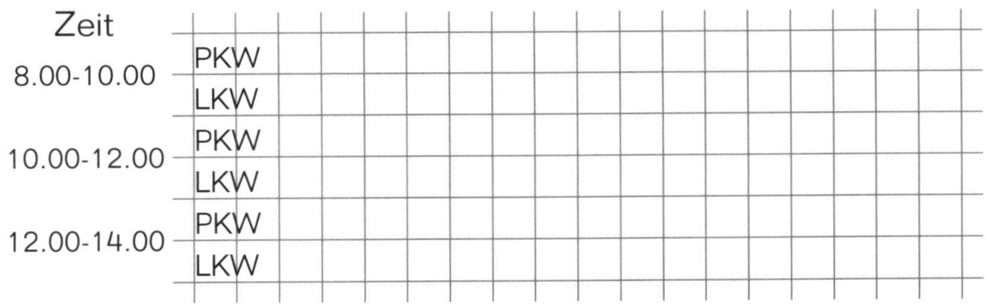

**1** Mit welcher Einheit bestimmt man am besten das Gewicht eines Tischtennisballs? Kreuze an.

☐ Zentimeter ☐ Kilogramm ☐ Gramm ☐ Millimeter

**2** Mit welcher Einheit bestimmt man am besten das Gewicht eines acht Jahre alten Hundes? Kreuze an.

☐ Gramm ☐ Kilometer ☐ Kilogramm ☐ Tonne

**3** Mit welcher Einheit bestimmt man am besten die Länge eines 400 g schweren Buches? Kreuze an.

☐ Zentimeter ☐ Kilometer ☐ Gramm ☐ Millimeter

**4** Welche Einheit passt? Setze ein.

| | | | | | | | |
|---|---|---|---|---|---|---|---|
| mm | cm | m | km | s | min | kg | t |

a) Von Frankfurt nach Köln sind es 180 ________.
b) Lisa läuft 50 m in einer Zeit von 10,5 ________.
c) Ein Elefant wiegt ungefähr 6 ________.
d) Lara ist 145 ________ groß.
e) Tim läuft jeden Morgen 800 ________ bis zur Schule.
f) Ein Eimer voll Wasser wiegt 10 ________.
g) Herr Klein läuft 1000 m in 3 ________.
h) Der Radiergummi ist 45 ________ lang.

**5** Welche Einheit passt? Setze ein.

| | | | | | | | | | | | |
|---|---|---|---|---|---|---|---|---|---|---|---|
| cm | m | m | m | km | s | min | h | g | g | kg | l |

Familie Becker macht einen Ausflug ins Erlebnisbad Plitschplatsch. Zum Erlebnisbad sind es 45 ____. Mit dem Auto brauchen sie für die Strecke 45 ____. Als sie dort ankommen, ist vor dem Eingang schon eine Schlange von 20 ____. Sie schaffen es gerade noch zum Schwimmwettkampf der Kinder. Der Sieger hat für 50 ____ Brust 69 ____ gebraucht. Nach dem Wettkampf rutschen Lena und Tom auf der Riesenrutsche. Sie ist 90 ____ lang und sehr steil. Deshalb dürfen hier nur Kinder rutschen, die größer als 120 ____ sind. Frau Becker hat für den Ausflug einen Picknickkorb mit 150 ____ Wurst, 300 ____ Käse, 2 ____ Äpfel und 5 ____ Mineralwasser gepackt. Familie Becker bleibt 5 ____ im Erlebnisbad Plitschplatsch.

## Seite 2

1. a) 163 b) 433 c) 690
2. a) 587 b) 387 c) 597
3. 2, 11, 20, 101, 110, 200
4. a) 456 b) 380 c) 362
5. a) 2 649 b) 4 205 c) 8 063

## Seite 3

1. a) 138, 183, 318, 381, 813, 831 b) 468, 486, 648, 684, 846, 864
2. 123, 213, 231, 321
3. 678, 768, 786, 876
4. a) 357, 375 b) 555 c) 245, 254
5. a) 2 356, 6 532 b) 2 049, 9 420 c) 3 078, 8 730

## Seite 4

| | | | | |
|---|---|---|---|---|
| 1 | Vorgänger: | 571 | Nachbarzehner: | 570, 580 |
| | Nachfolger: | 573 | Nachbarhunderter: | 500, 600 |
| 2 | Vorgänger: | 898 | Nachbarzehner: | 890, 900 |
| | Nachfolger: | 900 | Nachbarhunderter: | 800, 900 |
| 3 | Vorgänger: | 644 | Nachbarzehner: | 640, 650 |
| | Nachfolger: | 646 | Nachbarhunderter: | 600, 700 |
| 4 | Nachbarzahlen: | 1 757, 1 759 | Nachbarhunderter: | 1 700, 1 800 |
| | Nachbarzehner: | 1 750, 1 760 | Nachbartausender: | 1 000, 2 000 |
| 5 | Nachbarzahlen: | 2 805, 2 807 | Nachbarhunderter: | 2 800, 2 900 |
| | Nachbarzehner: | 2 800, 2 810 | Nachbartausender: | 2 000, 3 000 |
| 6 | Nachbarzahlen: | 9 997, 9 999 | Nachbarhunderter: | 9 900, 10 000 |
| | Nachbarzehner: | 9 990, 10 000 | Nachbartausender: | 9 000, 10 000 |

## Seite 5

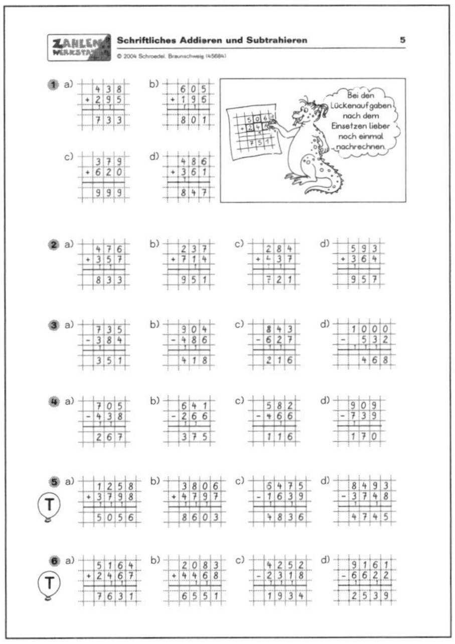
Schriftliches Addieren und Subtrahieren 5

© 2004 Schroedel, Braunschweig (45684)

1. a) 438 + 295 = 733 b) 605 + 196 = 801 c) 379 + 620 = 999 d) 486 + 361 = 847



2. a) 476 + 357 = 833 b) 237 + 714 = 951 c) 284 + 437 = 721 d) 593 + 364 = 957
3. a) 735 − 384 = 351 b) 904 − 486 = 418 c) 843 − 627 = 216 d) 1000 − 532 = 468
4. a) 705 − 438 = 267 b) 641 − 266 = 375 c) 582 − 466 = 116 d) 909 − 739 = 170
5. T a) 1258 + 3798 = 5056 b) 3806 + 4797 = 8603 c) 6475 − 1639 = 4836 d) 8493 − 3748 = 4745
6. T a) 5164 + 2467 = 7631 b) 2083 + 4468 = 6551 c) 4252 − 2318 = 1934 d) 9161 − 6622 = 2539

## Seite 6

1. Lisa
2. a) 658 b) Keines der Ergebnisse ist richtig
3. b, c
4. a, d

## Seite 7

1. Er hat den Übertrag bei den Zehnern und Hundertern vergessen. (921)
2. Er hat nicht subtrahiert, sondern addiert. (521)
3. Er hat zuerst addiert. Es gilt aber Punktrechnung geht vor Strichrechnung. (102)
4. Er hat 42 : 7 = 6 gerechnet und dann vergessen, die Null anzuhängen. (60)
5. Schrittweise dividieren geht anders: Erst durch 6, dann durch 2. (45)
6. Er hat falsch untereinander geschrieben. (2 893)

## Seite 8

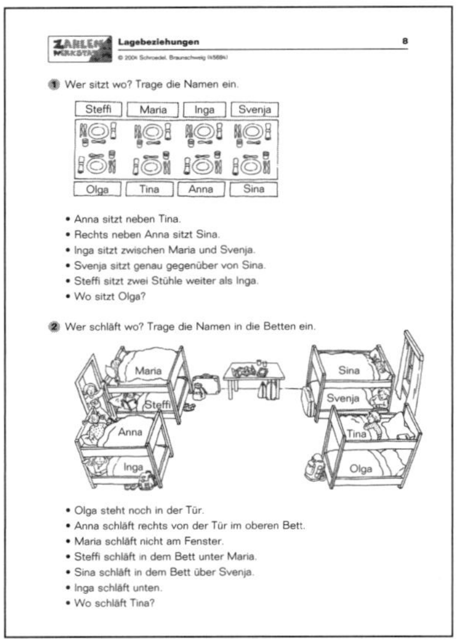
Lagebeziehungen 8

① Wer sitzt wo? Trage die Namen ein.

Steffi, Maria, Inga, Svenja / Olga, Tina, Anna, Sina

- Anna sitzt neben Tina.
- Rechts neben Anna sitzt Sina.
- Inga sitzt zwischen Maria und Svenja.
- Svenja sitzt genau gegenüber von Sina.
- Steffi sitzt zwei Stühle weiter als Inga.
- Wo sitzt Olga?

② Wer schläft wo? Trage die Namen in die Betten ein.

Maria, Steffi, Anna, Inga, Sina, Svenja, Tina, Olga

- Olga steht noch in der Tür.
- Anna schläft rechts von der Tür im oberen Bett.
- Maria schläft nicht am Fenster.
- Steffi schläft in dem Bett unter Maria.
- Sina schläft in dem Bett über Svenja.
- Inga schläft unten.
- Wo schläft Tina?

## Seite 9

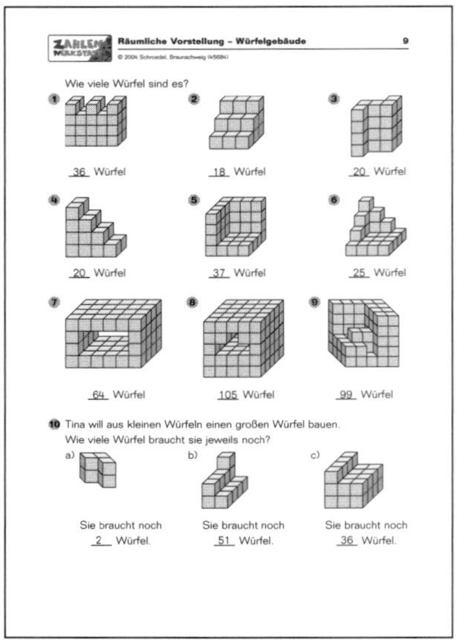
Räumliche Vorstellung – Würfelgebäude 9

Wie viele Würfel sind es?

① 36 Würfel ② 18 Würfel ③ 20 Würfel
④ 20 Würfel ⑤ 37 Würfel ⑥ 25 Würfel
⑦ 64 Würfel ⑧ 105 Würfel ⑨ 99 Würfel

⑩ Tina will aus kleinen Würfeln einen großen Würfel bauen. Wie viele Würfel braucht sie jeweils noch?

a) Sie braucht noch 2 Würfel. b) Sie braucht noch 51 Würfel. c) Sie braucht noch 36 Würfel.

## Seite 10

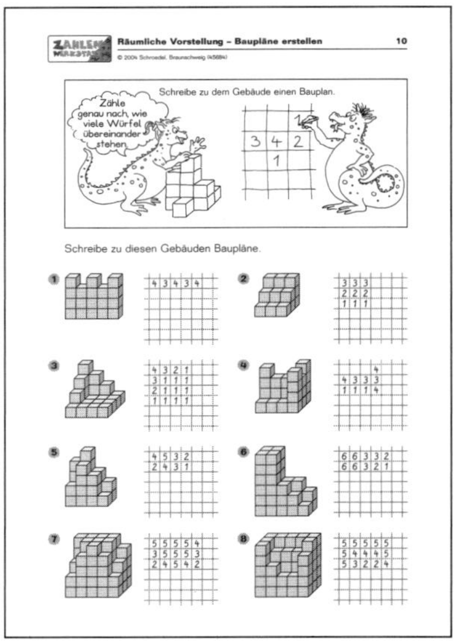
Räumliche Vorstellung – Baupläne erstellen 10

Schreibe zu dem Gebäude einen Bauplan.

Zähle genau nach, wie viele Würfel übereinander stehen.

Schreibe zu diesen Gebäuden Baupläne.

## Seite 11

① C ② Keines ③ D

## Seite 12

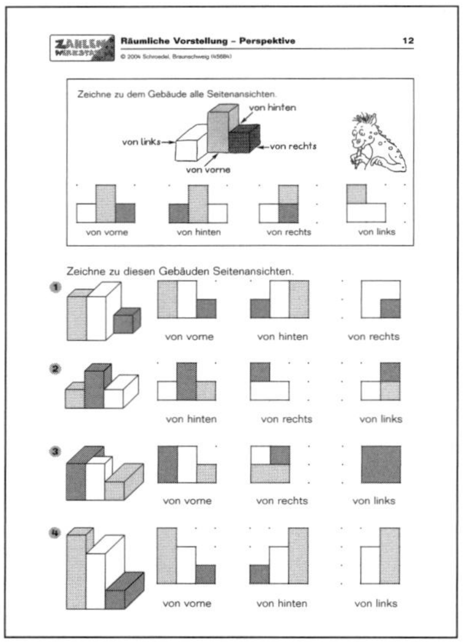
Räumliche Vorstellung – Perspektive 12

Zeichne zu dem Gebäude alle Seitenansichten.

von hinten, von links, von rechts, von vorne

Zeichne zu diesen Gebäuden Seitenansichten.

## Seite 13

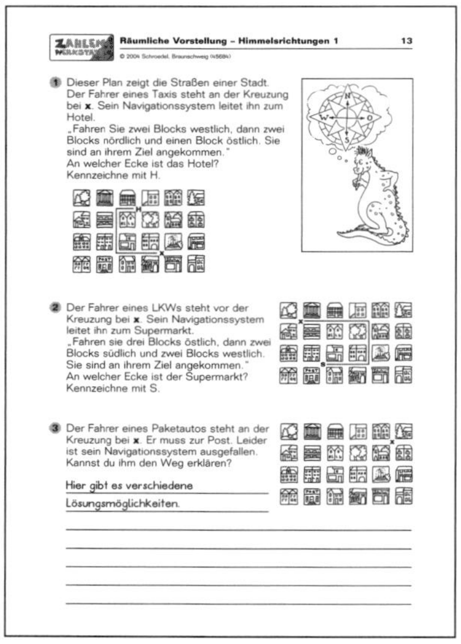
Räumliche Vorstellung – Himmelsrichtungen 1 13

① Dieser Plan zeigt die Straßen einer Stadt. Der Fahrer eines Taxis steht an der Kreuzung bei x. Sein Navigationssystem leitet ihn zum Hotel. „Fahren Sie zwei Blocks westlich, dann zwei Blocks nördlich und einen Block östlich. Sie sind an Ihrem Ziel angekommen." An welcher Ecke ist das Hotel? Kennzeichne mit H.

② Der Fahrer eines LKWs steht vor der Kreuzung bei x. Sein Navigationssystem leitet ihn zum Supermarkt. „Fahren sie drei Blocks östlich, dann zwei Blocks südlich und zwei Blocks westlich. Sie sind an Ihrem Ziel angekommen." An welcher Ecke ist der Supermarkt? Kennzeichne mit S.

③ Der Fahrer eines Paketautos steht an der Kreuzung bei x. Er muss zur Post. Leider ist sein Navigationssystem ausgefallen. Kannst du ihm den Weg erklären?

Hier gibt es verschiedene Lösungsmöglichkeiten.

## Seite 14

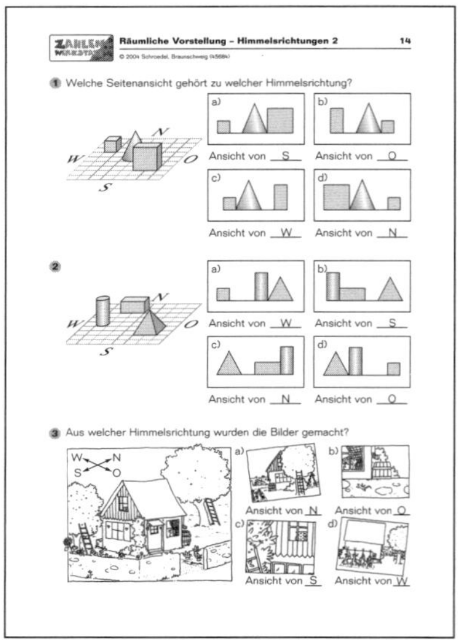
Räumliche Vorstellung – Himmelsrichtungen 2 14

① Welche Seitenansicht gehört zu welcher Himmelsrichtung?

a) Ansicht von S b) Ansicht von O c) Ansicht von W d) Ansicht von N

② a) Ansicht von W b) Ansicht von S c) Ansicht von N d) Ansicht von O

③ Aus welcher Himmelsrichtung wurden die Bilder gemacht?

a) Ansicht von N b) Ansicht von O c) Ansicht von S d) Ansicht von W

## Seite 15

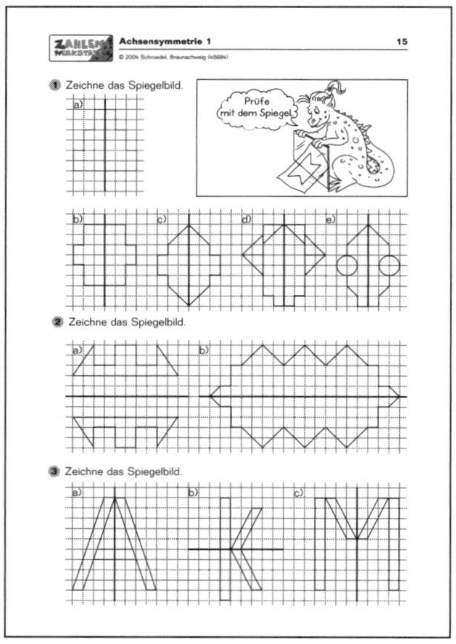
Achsensymmetrie 1 15

① Zeichne das Spiegelbild.

Prüfe mit dem Spiegel!

② Zeichne das Spiegelbild.

③ Zeichne das Spiegelbild.

## Seite 16

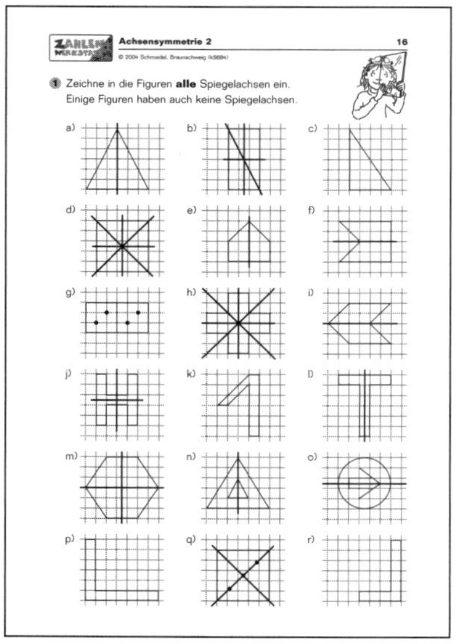
Achsensymmetrie 2 16

① Zeichne in die Figuren **alle** Spiegelachsen ein. Einige Figuren haben auch keine Spiegelachsen.

## Seite 17

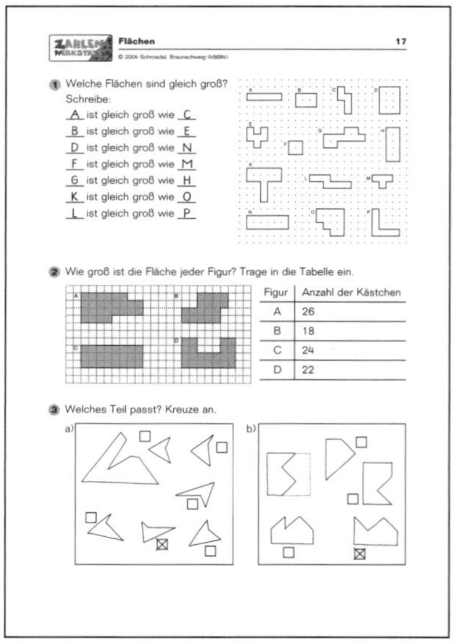
Flächen 17

① Welche Flächen sind gleich groß? Schreibe:

A ist gleich groß wie C.
B ist gleich groß wie E.
D ist gleich groß wie N.
F ist gleich groß wie M.
G ist gleich groß wie H.
K ist gleich groß wie O.
L ist gleich groß wie P.

② Wie groß ist die Fläche jeder Figur? Trage in die Tabelle ein.

| Figur | Anzahl der Kästchen |
|---|---|
| A | 26 |
| B | 18 |
| C | 24 |
| D | 22 |

③ Welches Teil passt? Kreuze an.

## Seite 18

1 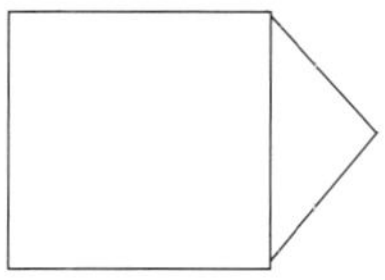

2 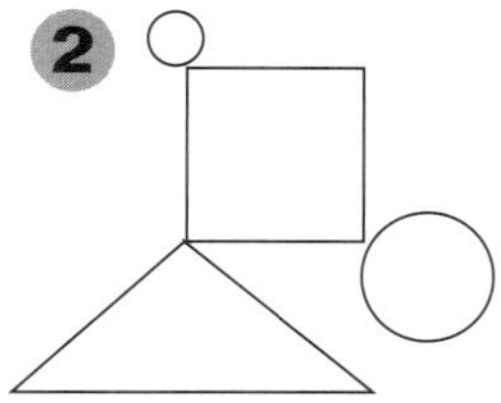

3 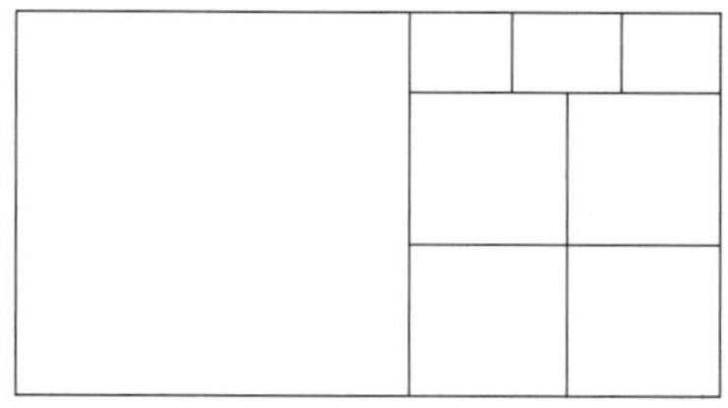

## Seite 19

1 a) 148, 178, 182, 212
Regel: +30, +4

b) 260, 210, 190, 140
Regel: –50, –20

c) 520, 460, 500, 440
Regel: –60, +40

2 a) Regel: +8, –3 b) Regel: +3, +8 c) Regel: –10, +3
d) Regel: –15, +40 e) Regel: –20, +200, +20

## Seite 20

1 Traube 4

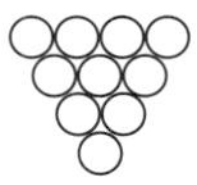

Traube 5

Traube 7:
7 + 6 + 5 + 4 + 3 + 2 + 1 = 28

2 22 Punkte. 3 28 Kreuze. 4 64 Kästchen.

## Seite 21

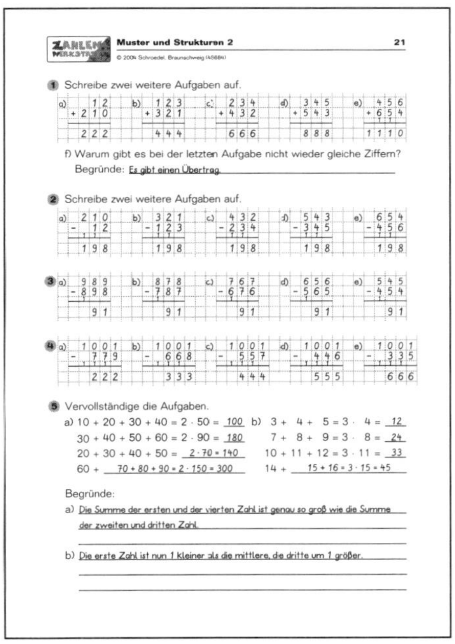

Muster und Strukturen 2 21
© 2004 Schroedel, Braunschweig (45684)

1 Schreibe zwei weitere Aufgaben auf.

a) 12 + 210 = 222 b) 123 + 321 = 444 c) 234 + 432 = 666 d) 345 + 543 = 888 e) 456 + 654 = 1110

f) Warum gibt es bei der letzten Aufgabe nicht wieder gleiche Ziffern?
Begründe: Es gibt einen Übertrag.

2 Schreibe zwei weitere Aufgaben auf.

a) 210 – 12 = 198 b) 321 – 123 = 198 c) 432 – 234 = 198 d) 543 – 345 = 198 e) 654 – 456 = 198

3 a) 989 – 898 = 91 b) 878 – 787 = 91 c) 767 – 676 = 91 d) 656 – 565 = 91 e) 545 – 454 = 91

4 a) 1001 – 779 = 222 b) 1001 – 668 = 333 c) 1001 – 557 = 444 d) 1001 – 446 = 555 e) 1001 – 335 = 666

5 Vervollständige die Aufgaben.

a) 10 + 20 + 30 + 40 = 2 · 50 = 100
30 + 40 + 50 + 60 = 2 · 90 = 180
20 + 30 + 40 + 50 = 2 · 70 = 140
60 + 70 + 80 + 90 = 2 · 150 = 300

b) 3 + 4 + 5 = 3 · 4 = 12
7 + 8 + 9 = 3 · 8 = 24
10 + 11 + 12 = 3 · 11 = 33
14 + 15 + 16 = 3 · 15 = 45

Begründe:
a) Die Summe der ersten und der vierten Zahl ist genau so groß wie die Summe der zweiten und dritten Zahl.
b) Die erste Zahl ist nun 1 kleiner als die mittlere, die dritte um 1 größer.

## Seite 22

1 Die kürzeren Ski kosten 190 €,
die längeren 230 €.

2 Der Abstand beträgt 20 m.

3 Es sind vier 2-€-Münzen und zehn 50-ct-Münzen.

4 Das Spiel ist um 17.19 Uhr zu Ende.

## Seite 23

1 6,00 € 2 5,85 € 3 20,00 € 4 4,80 €

5 a)

| | | | |
|---|---|---|---|
| 1 | 2 | 4 | 9 |
| 0,75 | 1,50 | 3,00 | 6,75 |

b)

| | | | |
|---|---|---|---|
| 1 | 4 | 8 | 10 |
| 0,65 | 2,60 | 5,20 | 6,50 |

c)

| | | | |
|---|---|---|---|
| 2 | 3 | 5 | 7 |
| 0,42 | 0,63 | 1,05 | 1,47 |

d)

| | | | |
|---|---|---|---|
| 1 | 3 | 5 | 7 |
| 0,80 | 2,40 | 4,00 | 5,60 |

6 a) 200 g-Tafel b) 10 Hefte c) 750 g-Glas

## Seite 24

1. Zu beantworten sind folgende Fragen:
   a) Wie viele Personen nehmen insgesamt an dem Ausflug teil?
   Wie viel Eintritt muss insgesamt bezahlt werden?
   Wie viele Kinder sind in der Klasse 3 a?
   b) – Um 14.45 verlassen sie das Schwimmbad.
   – Die Lehrerin bezahlt mit einem 100-€-Schein.

2. Erst geteilt, dann minus.
   Antwort: Uschi bezahlt 2,74 €.

3. 36 : 4 = 9
   Antwort: Luca ist 9 Jahre alt.

## Seite 25

1. Es können insgesamt 520 € eingenommen werden.
2. Diese Aufgabe ist nicht lösbar.
3. Eine Brezel kostet 50 ct, ein Kornbrötchen kostet 40 ct.
4. 5 Birnen sind so schwer wie eine Tüte Mehl und zwei Päckchen Butter.
5. Es gibt vier volle Gondeln und eine Gondel mit 3 Kindern.

## Seite 26

1. a)

| | J | M |
|---|---|---|
| Kl. 1 | 18 | 21 |
| Kl. 2 | 22 | 19 |
| Kl. 3 | 17 | 23 |
| Kl. 4 | 24 | 18 |

   b) 81 Mädchen
   c) 162 Kinder

2. a) Donnerstag b) Mittwoch c) 7° C d) 4° C
3. Fabian lief 13,5 s.

## Seite 27

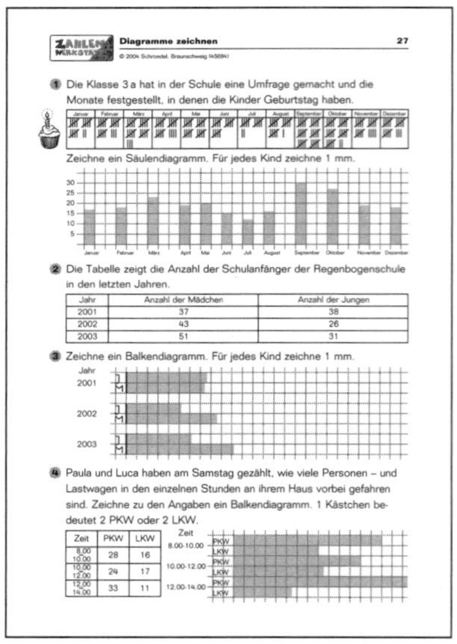
Diagramme zeichnen 27
© 2004 Schroedel, Braunschweig (45684)

1. Die Klasse 3 a hat in der Schule eine Umfrage gemacht und die Monate festgestellt, in denen die Kinder Geburtstag haben.

Zeichne ein Säulendiagramm. Für jedes Kind zeichne 1 mm.



2. Die Tabelle zeigt die Anzahl der Schulanfänger der Regenbogenschule in den letzten Jahren.

| Jahr | Anzahl der Mädchen | Anzahl der Jungen |
|---|---|---|
| 2001 | 37 | 38 |
| 2002 | 43 | 26 |
| 2003 | 51 | 31 |

3. Zeichne ein Balkendiagramm. Für jedes Kind zeichne 1 mm.



4. Paula und Luca haben am Samstag gezählt, wie viele Personen – und Lastwagen in den einzelnen Stunden an ihrem Haus vorbei gefahren sind. Zeichne zu den Angaben ein Balkendiagramm. 1 Kästchen bedeutet 2 PKW oder 2 LKW.

| Zeit | PKW | LKW |
|---|---|---|
| 8.00 – 10.00 | 28 | 16 |
| 10.00 – 12.00 | 24 | 17 |
| 12.00 – 14.00 | 33 | 11 |



## Seite 28

1. Gramm 2. Kilogramm 3. Zentimeter
4. a) km b) s c) t d) cm e) m f) kg g) min h) mm
5. km, min, m, m, s, m, cm, g, g, kg, l, h